Duden

Hirndiebstahl im Sparadies

Duden

Hirndiebstahl im Sparadies

Was so (noch) nicht im Duden steht

von Lothar Lemnitzer

Dudenverlag
Mannheim · Leipzig · Wien · Zürich

Redaktionelle Leitung Anette Auberle
Herstellung Monika Schoch

Die **Duden-Sprachberatung** beantwortet Ihre Fragen zu Rechtschreibung, Zeichensetzung, Grammatik u. Ä. montags bis freitags zwischen 8:00 und 18:00 Uhr.
Aus Deutschland: 09001 870098 (1,86 € pro Minute aus dem Festnetz).
Aus Österreich: 0900 844144 (1,80 € pro Minute aus dem Festnetz).
Aus der Schweiz: 0900 383360 (3,13 CHF pro Minute aus dem Festnetz).
Die Tarife für Anrufe aus Mobilfunknetzen können davon abweichen.
Unter www.duden-suche.de können Sie mit einem Online-Abo auch per Internet in ausgewählten Dudenwerken nachschlagen.
Den kostenlosen Newsletter der Duden-Sprachberatung können Sie unter **www.duden.de/newsletter** abonnieren.

Bibliografische Information der Deutschen Nationalbibliothek
Die Deutsche Nationalbibliothek verzeichnet diese Publikation in der Deutschen Nationalbibliografie; detaillierte bibliografische Daten sind im Internet über http://dnb.ddb.de abrufbar.

E D C B A

Typografische Gestaltung Horst Bachmann
Illustrationen Claas Janssen
Umschlaggestaltung Sven Rauska
Satz A–Z Satztechnik, Mannheim
Druck und Bindearbeit Offizin Andersen Nexö Leipzig, Zwenkau

Printed in Germany
ISBN 978-3-411-73351-4

www.duden.de

Einleitung

Waren Sie schon einmal in einem *Riechkino?* Sind Sie schon einmal in einen *Zeitschlitz* gefallen oder zum Opfer einer *Lexikonattacke* geworden? Wenn nicht, dann sind Sie hier genau richtig: Das vorliegende Buch bringt Ihren Wortschatz auf den neusten Stand: Hier entdecken Sie 400 neue Wörter, die Sie (noch) nicht im Duden nachschlagen können.

Dabei haben viele der Wörter durchaus eine Chance, eines Tages einen Eintrag in den Duden-Wörterbüchern zu erhalten; vorausgesetzt, sie bürgern sich im Sprachgebrauch ein: gute Chancen hierzu haben beispielsweise *Biopiraterie, Onlineapotheke* oder *Turboabitur*.

Andere Wörter führen eher eine Randexistenz; meistens weil der Sachverhalt, für den sie stehen, abseitig oder gar kurios ist, wie etwa *Promenadologie* oder *Hessenfessel.* Gerade deshalb verdienen sie unsere Aufmerksamkeit in einem eigenen Buch, das Sie sicher das ein oder andere Mal zum Schmunzeln bringen wird.

Letztendlich finden Sie auf den folgenden Seiten etliche Augenblicksbildungen verzeichnet, Erfindungen meist von Politikern oder Journalisten, die zweifellos bald wieder in der Versenkung verschwinden, aber auf pointierte Art und Weise gesellschaftliche Diskussionen auf den Punkt bringen und gerade deshalb von Interesse sind. Dazu zählen *Bierdeckelmodell, Herdprämie* und *Praktikantenstadl.*

Alle Wörter stammen aus dem von mir gegründeten Internetprojekt www.wortwarte.de, wo ich seit September 2000 neue Wörter sammle und beschreibe. Auf diese Weise haben sich inzwischen rund 25 000 Wörter angesammelt. Doch zunächst möchte ich Ihnen erklären, wie die Wortwarte arbeitet und was sie Ihnen bieten kann.

In der Wortwarte untersuche ich täglich die Onlineangebote von zehn Tages- und Wochenzeitungen. Die Texte werden heruntergeladen und in Wörter zerlegt. Aus dieser Liste werden alle Wörter entfernt, die es bereits in der deutschen Sprache gibt. Aus den dann übrig bleibenden ca. 2 000 Wörtern wähle ich die 15–20 originellsten Wortschöpfungen des Tages aus. Dabei handelt es sich um Wörter, die neue Dinge und Sachverhalte bezeichnen oder die uns einen neuen Blick auf bekannte Sachverhalte eröffnen.

Zu jedem neuen Wort gebe ich die Wortart und bei Substantiven das Genus und die Pluralform an. Alle Wörter werden einer Reihe von Sachgebieten zugeordnet, die Sie auch in diesem Buch finden. Schließlich wird der Gebrauch des neuen Wortes durch mindestens einen Beleg dokumentiert.

Der Name *Wortwarte* wurde in Analogie zur Wetterwarte gewählt, weil Ziele und Arbeitsweisen mit den Zielen einer Wetterwarte vergleichbar sind. Die Wetterwarte sammelt täglich Daten und Beobachtungen zum Klima. Die Wortwarte sammelt täglich Daten zum Wortschatz der deutschen Sprache. Klimaforscher können aus diesen täglich, wenn nicht noch öfter erhobenen Daten Langzeitbeobachtungen, Schlüsse und Prognosen zur Klimaentwicklung ableiten. Ich hoffe, dass es Sprachwissenschaftlern möglich sein wird, aus den von mir täglich gesammelten Wörtern Schlüsse über Langzeitentwicklungen des deutschen Wortschatzes zu ziehen. Die Informationen, die auf der Website der Wortwarte zu finden sind, bilden nur die Spitze des Datenbergs. Eine weit größere Menge an Daten kann Sprachwissenschaftlern zur Verfügung gestellt werden, die z. B. neue Tendenzen der Wortbildung erforschen wollen. Insofern ist die tägliche Lieferung neuer Worter auf der Wortwarte-Website mit dem Wetterbericht vergleichbar. Auch dieser präsentiert die Daten, die für ein größeres Publikum interessant sind. Ein Unterschied zwischen Wetterwarte und Wortwarte soll allerdings noch erwähnt werden: Ich habe nicht vor, aus den heute gesammelten Beobachtungen die Wörter von morgen vorherzusagen.

Und nun wünsche ich Ihnen viel Vergnügen bei der Lektüre dieses Buchs!

Gesellschaft

In diesem Abschnitt begegnen Sie einigen Typen von Zeitgenossen, die unsere moderne Zeit hervorgebracht hat – vielleicht gehören ja auch Sie der einen oder anderen hier beschriebenen Spezies an?
Des Weiteren stellen wir einige gesellschaftliche Trends vor. Manche dürften Ihnen bekannt vorkommen, von anderen sind Sie bisher vielleicht noch verschont geblieben. Dabei haben wir nicht nur die bundesdeutsche Gesellschaft im Auge – als Weltbürger blicken wir über die Grenzen unseres Landes hinaus.

Abmahnanwalt, *der*

Der Abmahnanwalt ist ein Rechtsanwalt, der sich auf das Abmahnen spezialisiert hat. Wer durch nicht rechtskonformes Verhalten auffällt, kann unter Androhung von Strafe aufgefordert werden, dieses Verhalten künftig zu unterlassen. Dies ist ein an sich sinnvolles Instrument, jemanden zu sanktionieren, der sich einen Vorteil erschleichen möchte. Durch die Verbreitung des Internets und seiner Handelsplätze tätigen allerdings immer mehr Leute Geschäfte, deren Spielregeln sie nur unzureichend verstehen. Ihre Regelverstöße aus Unkenntnis nutzen manche Rechtsanwälte aus. Das Abmahnen verschafft vor allem ihnen gute Einnahmen. Gegen Abmahnanwälte kann man nicht viel mehr ausrichten, als die Regeln des jeweiligen Spiels zu lernen, bevor man beginnt mitzuspielen.

Adoptionstourismus, *der*

In einigen Staaten ist es erheblich leichter, ein Kind zu adoptieren, als in anderen. Dies trifft z. B. für einige mittelamerikanische Staaten zu. Die Prüfung, ob eine Adoption rechtmäßig ist, ob also wirklich keine leiblichen Eltern mit Ansprüchen auf das Kind existieren, fällt hier etwas laxer aus. Dies hat zu einem Adoptionstourismus von kinderlosen Eltern geführt, die sich die Erfüllung ihres Kinderwunsches etwas kosten lassen können, die strengeren Richtlinien für Adoptionen in ihren Heimatländern aber nicht erfüllen. Adoptionstouristen sollten sich vielleicht gründlich überlegen, ob ihr Handeln wirklich ethisch vertretbar ist, und sich im Zweifelsfall lieber eine Katze anschaffen.

Altersfalle, *die*

Die deutsche Bevölkerung wird im Durchschnitt immer älter. Dies trifft zwangsläufig auch auf die Belegschaften der Unternehmen zu. Auch diese müssen sich auf den demografischen Wandel einstellen. Bisher haben sie – wenig originell – durch Entlassungen älterer Mitarbeiter darauf reagiert und müssen nun feststellen, dass mit ihnen wertvolle Erfahrung unwiederbringlich verloren geht. Wenn diese Unternehmen in die Altersfalle getappt sind, haben sie dies vor allem dem → Altersrassismus im Denken der Personalabteilungen zu verdanken. Vielleicht wäre es besser gewesen, diese auszutauschen statt die alternde Belegschaft?

Altersrassismus, *der*

Jedes zweite Unternehmen in Deutschland beschäftigt keine Mitarbeiter, die älter als 50 Jahre sind. Die von der Werbung heuchlerisch *Best Ager* genannten Menschen über fünfzig sind für die Wirtschaft lediglich noch als Konsumenten interessant. Als aussortierte Arbeitnehmer brauchen sie sich gar nicht erst woanders zu bewerben. Im Kern der Misere, die man Altersrassismus nennen kann, steckt die Auffassung, dass Menschen fortgeschrittenen Alters nicht einfach anders und damit auf ihre Weise wertvoll für die Ökonomie sind, sondern dass sie schlechter funktionieren. Unternehmen, die das Alter als Defizit ihrer Humanressourcen betrachten, werden früher oder später in die → Altersfalle geraten.

Bestattungstourismus, *der*

In Deutschland herrscht eine strenge Friedhofspflicht. Bis auf wenige Ausnahmen müssen die sterblichen Überreste der Verwandten in öffentlichen Ruhestätten deponiert werden. Der Weg dorthin ist vielen beschwerlich und eine Urne zu Hause wäre bequemer und praktischer. Einige unserer Nachbarstaaten, z. B. die Niederlande, sind da unkomplizierter und erlauben es Angehörigen, die Asche der Verstorbenen mitzunehmen. Dies hat zu einem Bestattungstourismus vor allem in denjenigen Bundesländern geführt, die an die Niederlande angrenzen. Hinterbliebene, die gern die Asche eines lieben Verstorbenen bei sich haben wollen, können dessen Korpus zunächst ins Nachbarland ausführen und später wieder einführen – im unauffälligen Ziergefäß, wie niederländische Bestatter sie im Sortiment haben. Das kann auch eine Buchattrappe, eine Amphore oder ein Anhänger sein. Für den Verstorbenen ist dies eine Form der letzten Reise, an die er zu Lebzeiten sicher nicht gedacht hat.

Beziehungs-Elchtest, *der*

Der Elchtest als Test für die Seitenstabilität eines Autos wurde berühmt, als ein neues Gefährt eines für seine Ingenieurskunst ansonsten bekannten Autobauers an ihm scheiterte. Seitdem ist der Elchtest zum Synonym für eine wirklich harte Prüfung mit offenem Ausgang geworden. Vielleicht sollte man hin und wieder auch die eine oder andere Freundschafts- oder Liebesbeziehung einem solchen Elchtest unterziehen und schauen, ob diese ins Wanken gerät.

Beziehungskonto, *das*

Beziehungskonten sind vielleicht ein Teil unserer inneren Buchführung. Ein kleiner Gefallen eines Kollegen wird als Einzahlung gewertet, eine abfällige Bemerkung des Partners als Abbuchung. Manche Leute bewegen sich ständig in den roten Zahlen, andere in den schwarzen. Kontoauszüge sind aber anders als beim Girokonto selten. Wem dies zu kleinkrämerisch ist, der kann ja großzügig Kredite vergeben oder die Beziehungsbuchführung ganz einstellen.

Biokratie, *die*

Die Biokratie ist die Herrschaft der Lebenswissenschaften. Ihr wichtigster ideologischer Pfeiler ist die Überzeugung von der Kontrollierbarkeit bzw. Gestaltbarkeit biologischer Prozesse. Die Biokratie erhielt durch die vermeintliche Entschlüsselung vieler Genome, unter anderem des menschlichen Genoms, und die darauf aufbauende Biotechnologie Auftrieb. Unheilbare Krankheiten und andere Defizite von Pflanze, Tier und Mensch sollen biotechnisch korrigiert werden. Die Ära der Biokratie bedeutet das Ende der Natur als Gestalterin, deren Kräften der Mensch bislang hilflos ausgeliefert war. Klon, Genmais und → Mischembryo sind nicht nur Artefakte der

Biotechnologie, sie können auch als Symbole des planbaren Lebens verstanden werden. Für eine Natur, die einem göttlichen Plan folgt, ist in der Biokratie kein Platz mehr.

Bookcrosser, *der*

Wahrscheinlich besitzen auch Sie das eine oder andere Buch, von dem Sie wissen, dass Sie nie wieder hineinschauen werden. Haben Sie schon darüber nachgedacht, dieses Buch an jemanden weiterzugeben, der es wirklich gebrauchen könnte? Wenn Ihnen da gerade niemand aus dem Bekanntenkreis einfällt, dann werden Sie doch zum Bookcrosser. Das Bookcrossing ist eine weltweite Bewegung zur kostenlosen Weitergabe von Büchern an unbekannte Dritte. Über die Website des Bookcrossing-Projekts können Sie den Weg Ihres Buches verfolgen, vorausgesetzt, alle nachfolgenden Besitzer registrieren es. Wahrscheinlicher ist, dass Sie die Spur des Buchs verlieren, dafür aber das Gefühl gewinnen, etwas Gutes getan zu haben. Vielleicht finden Sie ja demnächst in der Tasche Ihres Bahnsitzes ein Buch, das ein anderer »gecrosst« hat.

Cappuccinisierung, *die*

Die Cappuccinisierung eines Stadtviertels bezeichnet den Wandel seiner Bewohnerschaft hin zu einer Gesellschaftsschicht, die es gern etwas besser und teurer mag. Der Cappuccino ist ein Symbol für die Konsumgewohnheiten dieser Schicht, weil er als trendy gilt und etwas teurer ist als stinknormaler Filterkaffee. Für die Hausbesitzer kann die Cappuccinisierung eines Stadtviertels ein Segen sein, für die alten Bewohner ist es das in der Regel nicht – sie werden an den Rand gedrängt oder gar zum Wegzug in ein ordinäres Filterkaffee-Viertel gezwungen.

Chatiquette, *die*

Gute Umgangsformen erleichtern den zivilisierten Umgang miteinander. Was für den direkten Kontakt von Angesicht zu Angesicht

Chatiquette

gilt, wird noch wichtiger, wenn man sein Gegenüber nicht vor Augen hat. Viele Menschen bleiben heutzutage zu Hause vor ihren Rechnern, wenn sie Bekannte treffen und mit ihnen plaudern wollen. Dies wird durch Computernetzwerke und virtuelle Plauderecken, sogenannte Chaträume, ermöglicht. Da man sein Gegenüber nicht sieht und hört und sich per Tastatur »unterhält«, ist die Gefahr von Störungen und Missverständnissen aber besonders groß. Deshalb haben sich für den Umgang miteinander einige Höflichkeitskonventionen herausgebildet, deren Beachtung das Zusammenleben im Chatraum erleichtern soll. Neben allgemeinen Regeln, die für jede Form des Miteinanders gelten sollten, enthält die Chatiquette Vorschriften und Empfehlungen, die nur für dieses Medium gelten. Da sich der gegenseitige Kontakt auf die Schriftform beschränkt, ist es beispielsweise ratsam, die Worte der Gesprächspartner nicht auf die Goldwaage zu legen. Manches erscheint im getippten Gespräch unfreundlicher, als es gemeint ist.

Chillraum, *der*

Wenn es in der Schule oder im Jugendzentrum mal wieder heiß hergeht, dann sollten sich die größten Hitzköpfe mal kurz in den Chillraum zurückziehen oder sie sollten dorthin geschickt werden, um – wie es das englische Verb *chill* besagt – erst mal ordentlich »abzukühlen«. Die Verbreitung von Chillräumen an Orten, an denen Jugendliche zwangsweise oder freiwillig zusammenkommen, belegt ihren großen Erfolg bei der Bewältigung unvermeidlicher Konflikte.

Clubhopping, *das*

Immer mehr Kneipen verwandeln sich infolge des Rauchverbots in öffentlichen Räumen in private Clubs mit fester Mitgliedschaft. Ausgeschlossen bleibt dadurch aber die Laufkundschaft ohne Mitgliedsausweis. Eine Lösung für dieses Dilemma könnte das organisierte Clubhopping sein. Eine Mitgliedskarte gilt für mehrere vernetzte Clubs, der Transport von Club zu Club wird entweder öffentlich oder privat organisiert. Diese Verbindung von Geschäftsmodell und Lebensform ist aber sicher nur etwas für Großstädte mit entsprechend hoher Clubdichte, guter Infrastruktur und einer großen, Abwechslung suchenden und neuen Reizen stets aufgeschlossenen Kundschaft.

Cybergamer, *der*

Online-Rollenspiele sind zu kommerziellen Ereignissen geworden, an denen nicht nur die Entwickler dieser Spiele verdienen, sondern auch immer mehr Spieler. Bei diesen Spielern ist eine Tendenz zur Professionalisierung zu erkennen, die vergleichbar mit der vieler Sportarten ist. Die Verlockung der teilweise immensen Preisgelder verleiht Turnieren des elektronischen Sports magnetische Wirkung, und die besten Cybergamer sind bekannte Persönlichkeiten, zumindest in der Szene. Wie Tennisprofis können sie von den Startgeldern der Turniere ganz gut leben.

Demokratur, *die*

Wie bezeichnet man eine Demokratie, die diktatorische Züge annimmt? Oder eine Diktatur, die sich demokratisiert? Beispiele für beides gibt es zur Genüge in der Welt. Um sie zu bezeichnen, bietet die deutsche Wortbildung das Mittel der Zusammenziehung an. Mögliche Bildungen sind *Demokratur* und *Diktakratie*, die beide gleichermaßen für eine Gesellschaft im Übergang zwischen Diktatur und Demokratie stehen. Dabei scheint die *Demokratur* der *Diktakratie* den Rang abzulaufen, zumindest wenn man der Anzahl der Googletreffer glaubt.

Diktakratie, *die*

→ Demokratur.

Downaging, *das*

Mit dem Ausdruck *Downaging* werden zweierlei gesellschaftliche Tendenzen benannt. Auf Unternehmen bezogen bezeichnet er das Bestreben, ältere Mitarbeiter durch jüngere zu ersetzen und auf diese Weise das Durchschnittsalter der Gesamtbelegschaft zu senken. Diese Unternehmen laufen Gefahr, auf längere Sicht in die → Altersfalle zu tappen. Bezogen auf das Individuum ist Downaging eine Tendenz, sich jünger zu fühlen und zu verhalten, als man ist. Fortschritte in der Medizin und eine bessere Ernährung tragen dazu bei, dass heute mancher Sechzigjährige ein Leben führt, das früher bereits für Fünfzigjährige undenkbar gewesen wäre. Die Politik versucht diesem Phänomen Rechnung zu tragen, indem sie die Lebensarbeitszeit nach hinten verlängert, da der ausgebrannte oder invalide 65-Jährige eine seltene Erscheinung geworden ist.

Egobooster, *der*

Jeder Mensch strebt nach Anerkennung und danach, eigene Vorstellungen umzusetzen. Manche wollen gelegentlich auch über sich hinauswachsen. Ohne diese Triebfedern menschlichen Handelns gäbe es keine Erfindungen und keinen Fortschritt. Die Egobooster haben dies verinnerlicht. Sie sind deshalb in der Wirtschaft begehrte Arbeitnehmer. Ihr Problem ist, dass viele Unternehmen ihre Übermotivation ausnutzen und sie verheizen. Dabei geht diesen Menschen bisweilen nach und nach das Gefühl für ihr ideales Arbeitstempo verloren, und die Qualität ihrer Arbeit verschlechtert sich allmählich. Wenn sie aber richtig behandelt werden und sie ihr Tempo selbst bestimmen können, sind die Egobooster Garanten des Fortschritts.

Egokrat, *der*

Der Egokrat ist der legitime Erbe der absolutistischen Herrscher. Seine Macht verweist aber nicht mehr auf etwas, was über dem Gesetz und der Gesellschaft steht wie die Vorstellung eines göttlichen Auftrags in feudalen Zeiten, sondern ist zum reinen Selbstzweck geworden. Im Gegensatz zum Monarchen ist der Egokrat mit sich selbst identisch. Er wähnt sich nicht als Inkarnation eines göttlichen Geistes, sondern lebt mit sich selbst im Einklang. Egokraten findet man heute gelegentlich an der Spitze demokratisch legitimierter Regierungen, vor allem aber in den Vorständen großer privatwirtschaftlicher Unternehmen.

Egosurfer, *der*

Haben Sie schon mal in einer Suchmaschine Ihren eigenen Namen als Suchwort eingegeben, um zu schauen, was es im Internet so alles von Ihnen oder über Sie gibt und welche Ihrer dokumentierten Lebenszeichen es auf die vorderen Plätze geschafft haben? Oder haben Sie sich gar beim Webservice www.socialmeter.com schon mal einen Überblick über Ihre Popularität im Web verschafft? Dann gehören Sie zu den Egosurfern, die auf den Wellen ihrer eigenen Identität durch das Web reiten. Schlecht hat man es als Egosurfer, wenn man Stefan Müller oder Tanja Schneider heißt. Dann ist die Zahl der Alter Egos im Web gewaltig.

Einwanderungstest, *der*

Hundert Fragen will die hessische Landesregierung allen Einbürgerungswilligen stellen. Auch andere Bundesländer prüfen, wer Deutscher werden darf und wer nicht. Es wäre nicht schwer zu zeigen, dass auch viele gebürtige Deutsche mit dem Test ihre Probleme hätten. Die Behörden wollen Einbürgerungswillige dazu bringen, sich eingehend mit der deutschen Geschichte, Kultur, Politik und Werteordnung zu befassen, damit aus ihnen, wenn schon nicht gefühlte Deutsche, so doch wenigstens Wissensdeutsche werden.

Empty-Nester, *der*

Wann fängt das Leben an, fragt ein alter Witz. Nicht mit der Zeugung, nicht mit der Geburt, sondern wenn die Kinder aus dem Haus sind und der Hund tot ist. Es gibt heutzutage ein Leben jenseits der Erziehung, und dies kann noch ziemlich lange währen. Die Besitzer leerer Nester sind oft wohlsituiert und deshalb eine interessante Zielgruppe für die Werbung. Grund genug, dieser Gruppe durch einen eigenen Namen eine Identität zu verleihen.

Empty-Nester

Extropianer, *der*

Das *Extropy Institute* in Kalifornien bringt laut Selbstdarstellung die besten kritischen und kreativen Denker zusammen, um die konventionellen Vorstellungen von menschlichen Grenzen zu hinterfragen und neue Ideen über die Nutzung aller Arten von Technik zur Verbesserung der Zukunft zu entwickeln, kritisch zu betrachten und umzusetzen. Das Institut und seine aus der ganzen Welt stammenden Mitglieder, die Extropianer, verbindet eine fortschritts- und technikfreundliche, humanistische und antireligiöse Haltung. Eines der wichtigsten Anliegen der Extropianer ist dabei die Verlängerung des menschlichen Lebens sowohl auf individueller als auch auf Gattungsebene, wobei sich Letzteres angesichts von Kriegen und Umweltzerstörung erheblich schwieriger gestalten dürfte.

Flashmob, *der*

Mit *Flashmob* oder *Smart Mob* bezeichnet man einen kurzen, scheinbar spontanen Menschenauflauf an öffentlichen oder halböffentlichen Orten. Die Teilnehmer, die sich nicht alle gegenseitig kennen müssen, werden über Telefon- oder E-Mail-Ketten zusammengerufen. Ein solcher Auflauf kann künstlerischen, aber auch politischen Zwecken dienen. Die Spontaneität der Aktion macht es für die Ordnungskräfte schwer, schnell und angemessen zu reagieren. Mit dem Wortteil *Flash* (engl. für Blitz) wird die Spontaneität der Aktion ausgedrückt. Der Wortteil *Mob* kann mit »Pöbel« übersetzt werden, er kann sich aber auch auf den Mobilfunk beziehen, der für das Organisieren der Versammlung verwendet wird.

Friedhofszwang, *der*

In Deutschland herrscht Friedhofszwang. Man kann die Leiche eines Angehörigen nicht so einfach verschwinden lassen, auch nicht im eigenen Garten. Nicht mal die Urne mit der Asche darf man sich auf die heimische Kredenz stellen. Dies führte in den Bundesländern, die an tolerantere Nachbarstaaten grenzen, zum →Bestattungstourismus. Den Sargzwang hat man hingegen gelockert. Damit kommt man den Muslimen entgegen, die nun ihre Angehörigen in Tüchern beisetzen können, wie es ihre Religion vorschreibt.

Gelotophobiker, *der*

Ein Gelotophobiker ist jemand, der Angst davor hat, ausgelacht zu werden. Ein bisschen sind wir das wahrscheinlich alle, aber bei manchen nimmt diese Angst pathologische Züge an.

Gierkultur, *die*

Der Ausdruck *Gierkultur* wurde und wird vor allem im Zusammenhang mit zwei Berufsgruppen gebraucht, denen es auch in Zeiten wirtschaftlicher Flauten immer großartig geht: den Fußballern und den Topmanagern großer Unternehmen. Sicher schwingt in diesem Wort auch ein wenig der Neid der weniger Verdienenden mit, und das ist die große Mehrheit der Bevölkerung. Dieser Neid wird aber

Gierkultur

auch durch eine schwer bestreitbare Tatsache genährt: So stieg das Durchschnittsgehalt der Manager überproportional, gemessen sowohl am Durchschnittsgehalt als auch an der Produktivität dieser Gruppe von Arbeitnehmern. Dies wird als ungerecht empfunden, und man erwartet, dass sich die herausragenden Vertreter einer Gesellschaft moralisch vorbildlich verhalten. Spätestens hier aber fängt das Wunschdenken an.

Glamourfaktor, *der*

Die A-, B- und C-Prominenz unterscheiden sich durch ihren Glamourfaktor. Wie sich dieser messen lässt, ist unklar; die Werbewirtschaft hat aber ein feines Gespür dafür, wessen Glamour auf eher langweilige Produkte wie Seifen oder Hühneraugenpflaster abzufärben vermag. Der Glamourfaktor ist der kleine Bruder des Charismas. Entweder man hat ihn, oder man hat ihn nicht.

Hacktivist, *der*

Hacker gelten gemeinhin als Computer- und Netzwerkspezialisten, die Sicherheitsbarrieren überwinden und in fremde Systeme eindringen. Destruktive Hacker haben dabei vor allem die Zerstörung oder Manipulierung der Daten des Zielsystems im Sinn. Diese werden abwertend als *Crasher* oder *Cracker* bezeichnet. Des Weiteren gibt es die Gruppe von Hackern, die im Auftrag von kriminellen Syndikaten tätig werden und zum Beispiel Botnetze aufbauen oder Kontodaten entwenden. Drittens gibt es Hacker, die Gebrauch von ihren Fähigkeiten machen, um politische Ziele zu verfolgen bzw. politische Botschaften zu verbreiten. Diese Hacker werden *Hacktivisten* genannt. Ihre erfolgreichen Attacken zeigen, dass gerade Computersysteme, die besonders brisante Daten enthalten, häufig zu Unrecht als unknackbar gelten. Hacktivisten schärfen auf diese Weise unser Bewusstsein für die Anfälligkeit unserer digitalen Parallelwelt und für die Schäden, die destruktive oder kriminelle Hacker anrichten können.

Handyholic, *der*

Der Handyholic hängt an seinem Handy. Sein Selbstwertgefühl ist stark gefährdet, wenn er mehr als zehn Minuten lang keinen Anruf und keine SMS erhält. Er ist der Liebling der Telefonfirmen und der Schrecken ruhebedürftiger Bahnfahrer.

Handysitter, *der*

Einige Restaurants der gehobenen Klasse bieten ihren Kunden einen besonderen Service. Dieser richtet sich an Geschäftsleute oder Politiker, also Leute, die immer erreichbar, aber für den kostbaren Moment des gemeinsamen Essens ungestört sein wollen. Man lässt sein Handy eingeschaltet und gibt es beim Personal ab. Je nach Wunsch wimmelt der Handysitter die Anrufer ab, erstellt eine Liste für den späteren Rückruf oder stellt in wichtigen Fällen doch den Kontakt zum Gast her. Einst war das Besuchermanagement eine typische Butlertätigkeit. Da es aber keine Butler mehr gibt, müssen nun andere für diese Aufgabe herhalten.

Happy-Slapping-Szene, *die*

Happy Slapping kann als »fröhliches Schlagen« übersetzt werden. Anhänger dieser Szene prügeln auf Mitmenschen ein, filmen dies, meist auf einem Handy, und verbreiten diese Filme über das Internet. Das Phänomen deutet auf eine gewisse moralische Verwahrlosung der meist jugendlichen Beteiligten wie auch der Konsumenten dieser Filmchen hin.

Hartzer, *der*

Zwei Politiker haben es in den letzten zehn Jahren geschafft, ein Paket politischer Maßnahmen mit ihrem Namen zu verbinden. Während der Name von Walter Riester zu einem Eponym für Rentenprodukte wurde, kam Peter Hartz schlechter weg. Sein Name ist verbunden mit tiefen Einschnitten ins soziale Netz. Und so werden als Hartzer diejenigen Menschen bezeichnet, die von diesen Einschnitten direkt betroffen sind. Inwieweit das Wort in Anspielung auf einen Käse gebildet wurde, dessen Leumund auch nicht der allerbeste ist, kann an dieser Stelle nicht geklärt werden.

Herdprämie, *die*

→ Wickelvolontariat.

Hessenfessel, *die*

Das Bundesland Hessen ist für sein eigenwilliges Justizsystem bekannt. So ist die hessische Landesverfassung die einzige, die für schwere Vergehen noch die Todesstrafe vorsieht – aber keine Sorge: Bundesrecht bricht hier Landesrecht. Hessen hat auch die elektronische Fußfessel eingeführt, die Abweichungen vom rechten Wege mit Stromstößen ahndet. Dem Delinquenten, der die Fußfessel tragen muss, bleibt damit immerhin der Aufenthalt im Gefängnis erspart, und die Rückfallrate der Fesselträger ist tatsächlich erstaunlich gering. Der Vorschlag eines Justizministers, die Hessenfessel auch bei Langzeitarbeitslosen und therapierten Suchtkranken einzusetzen, um sie auf dem rechten Weg zu halten, führte selbst in Hessen zu allgemeiner Empörung und hat das im engen Rahmen der Haftvermeidung durchaus nützliche Instrument in Misskredit gebracht.

Hirndiebstahl, *der*

Der bekannteste Hirndiebstahl der Filmgeschichte traf Spock vom Raumschiff Enterprise. Eine Horde Amazonen bemächtigte sich der grauen Zellen des Halbvulkaniers. Die geistige Leere infolge von Hirndiebstahl, die übrigens bis zum Wiedergewinn von Mr. Spocks Gehirn vom Arzt des Raumschiffs mithilfe einer Fernbedienung überbrückt wurde, kann man sich heute aber sehr gut vorstellen. Man braucht nur einmal mehr als einen Tag lang das Programm von bestimmten Fernsehanstalten zu konsumieren, und man merkt, wie die grauen Zellen entweichen.

Hokuskop, *das*

Hokuskop nennt sich eine Rubrik in der Onlineausgabe einer großen süddeutschen Tageszeitung. Hier wird in die Sterne und damit in die Zukunft geblickt. Der Name zeigt aber, was die Redakteure eigentlich von diesen und ähnlichen Rubriken halten: Sie erscheinen ihnen als Zauberei und Blendwerk, die aber immerhin der Unterhaltung der Leser dienen. Damit diese nicht zu kurz kommt und die Enttäuschung nicht allzu groß wird, gibt es einen »Nicht zufrieden?«-Button. Wenn man diesen anklickt, erhält man eine Prognose, die bessere Aussichten verspricht.

Hokuskop

Hungermodel, *das*

Während die Deutschen immer dicker werden, orientiert sich der Schönheitstrend an ätherischen Wesen, Models genannt, von denen man immer befürchten muss, dass sie sich mangels Masse im nächsten Moment verflüchtigen. Sollten diese Wesen ein Vorbild für junge Mädchen sein, dann droht eine Welle der Magersucht. Einige Modelagenturen sind deshalb dazu übergegangen, die ärgsten Hungerhaken und Magergirlies schon beim Casting auszusortieren. Recht so!

Jetrosexuelle, *der / die*

Richard Branson, Chef einer Fluggesellschaft, ließ von seinen Marketingspezialisten einen Begriff für eine neue Spezies von Vielfliegern kreieren. Branson nennt diese Gruppe *Jetrosexuelle.* Um als ein Mitglied dieser Spezies zu gelten, muss man elf Bedingungen erfüllen. So sollte man möglichst täglich in die Luft gehen und immer einen Reisepass mit sich führen. Außerdem sollte der Jetrosexuelle ein Bier in sechs Sprachen bestellen können. Die Kampagne spielt auf das Modewort *Metrosexuelle* an, das extravagant-modebewusste heterosexuelle Männer bezeichnet.

Kommentariat, *das*

So wie der Kommentar als Königsdisziplin des Journalismus gilt, so ist das Kommentariat die selbst ernannte Redaktionselite. Sie besteht aus Leuten, die sich bei Podiumsdiskussionen und Talkshows regelmäßig treffen und auch durchaus lesen, was die Konkurrenz so alles von sich gibt – die Meinung der anderen aber keinesfalls erwähnen oder zitieren. Auf diese Art lässt sich natürlich vermeiden, dass der Leser von der Konkurrenz Kenntnis nimmt. Ein derartiges Totschweigen sorgt aber auch für die kollektive Unscheinbarkeit dieser Kaste.

Kuckucksvater, *der*

Der Kuckucksvater ist, rechtlich gesehen, ein Scheinvater (→ Scheinvaterschaft). Er ist zwar der rechtliche Vater des Kindes, aber nicht der biologische. Dem Kuckucksvater wurde das Kind von der Mutter praktisch untergeschoben. Der Kuckucksvater wusste zum Zeitpunkt des Unterschiebens nicht, dass er nicht der biologische Vater ist. Möglicherweise erfährt er später davon. Er kann dann zur Vaterschaft stehen oder diese anfechten. In diesem Zusammenhang sind ohne Wissen von Mutter und Kind durchgeführte DNA-Tests in Verruf geraten.

Kulturflatrate, *die*

Die Kulturflatrate ist das Konzept einer Pauschalabgabe auf einen Internetanschluss, die Urheberrechtsvergütungen für digitale Kopien pauschal abgelten soll. Für eine monatliche Gebühr sollen im Gegenzug Inhalte wie Musikstücke oder Videos legal und kostenfrei heruntergeladen werden dürfen. Entstanden ist dieser Ansatz aufgrund von Kritik an der momentanen Praxis, die legalen Besitzer von Musikstücken oder Ähnlichem durch Kopierrestriktionen zu gängeln. Vergleichbares gibt es schon lange für Medien, die typischerweise zum Kopieren verwendet werden, etwa für Leerkassetten. Die Summe aller Beträge aus der Pauschalabgabe soll unter den Kulturschaffenden verteilt werden.

Lanparty, *die*

Wenn Ihr Sohn oder Nachbar Besuch von einer Reihe männlicher Wesen mit Laptops oder Computern unter dem Arm erhält, dann ist dies kein Grund zur Sorge. Wahrscheinlich ist nichts Konspiratives geplant, sondern eine Lanparty. Sind alle Rechner am Ort, dann werden sie vernetzt und bilden zusammen ein lokales Netzwerk. Über dieses Netzwerk werden dann zumeist Gruppenspiele ausgetragen. Natürlich könnte man das gleiche Ziel durch Vernetzung von Rechnern erreichen, wenn alle Teilnehmer zu Hause bleiben. Dann würde aber die Partyatmosphäre einer Zusammenkunft vieler Gleichgesinnter an einem Ort fehlen.

-lish

Klagen über die Vermischung der Muttersprache mit dem Englischen und die damit verbundene Furcht vor dem Verfall der Muttersprache sind nicht nur in Deutschland populär. Der Einfluss des Englischen als neue Universalsprache wird von Sprachkritikern in vielen Ländern nicht unbedingt begrüßt. So entstanden und entstehen viele neue Namen für Mischsprachen, neben *Denglisch* z. B. *Indlish, Franglais* oder *Chinglish.* Mit diesen Ausdrücken soll auch eine Kritik an dem entstehenden Mischmasch zum Ausdruck gebracht werden, doch sollten ihre Erfinder wissen, dass diese Form der Zusammenziehung zweier Wörter eine aus dem Englischen stammende Mode ist.

Mannzipation, *die*

Ein großes gesellschaftliches und politisches Thema der letzten dreißig Jahre war und ist die Befreiung der Frau aus der traditionellen Rolle als Hausfrau, Mutter und billige(rer) Arbeitskraft. Gleichberechtigung und Gleichbehandlung sind die Ziele, die nach wie vor nicht erreicht sind. Bei der Konzentration auf weibliche Belange verlor man aber die kleinen Jungs aus den Augen, die sich in Kindergarten und Schule oft nur mit Körperkraft gegen die viel smarteren Mädchen durchsetzen können. Dies setzt sich dann bei vielen leider auch im höheren Alter fort. Die Mannzipation versucht nun, gegen dieses Rollenschema vorzugehen und trinkende und prügelnde Problemmänner daraus zu befreien. Noch ist nicht ausgemacht, ob sich diese überhaupt befreien lassen wollen, aber das Anliegen der Mannzipation, schräge und eventuell bedrohliche Rollenschemata und Selbstbilder von Männern ins gesellschaftliche Bewusstsein zu rücken, ist aller Ehren wert.

Markenterror, *der*

Genervte Eltern können ein Lied davon singen: Es muss auf einmal die Hose oder die Spielkonsole eines bestimmten Herstellers sein, auch wenn es das billigere Konkurrenzprodukt mindestens ebenso gut täte. Diesem fehlt aber der Coolness-Faktor. Über die Peergroups und deren Trendsetter baut die Industrie einen nicht zu unterschätzenden Konformitätsdruck auf, den manche als Markenterror bezeichnen. Aber seien wir ehrlich: Die Kids ahmen oft genug doch nur unseren eigenen offenen oder latenten Markenkult nach.

Markenterror

Microclubbing, *das*

Die feine Gesellschaft der Großstädte hat das Microclubbing entdeckt. Statt sich auf Massenveranstaltungen herumzudrücken, bleibt man in exklusiven Clubs lieber unter sich. Gefragt ist das Feiern in kleinen, gemütlichen Clubs und in fast familiärer Geborgenheit. Natürlich hat man für das Microclubbing mehrere Wohnzimmer zu Verfügung und wechselt die Lokalität je nach Lust und Laune, vielleicht mehrere Male am Abend (→ Clubhopping).

Multioptionsgesellschaft, *die*

Der Ausdruck *Multioptionsgesellschaft* wurde von dem Soziologen Peter Gross geprägt. Er bezeichnet damit eine Gesellschaft, in der traditionelle Bindungen und Werte für den Lebensentwurf des Einzelnen eine immer geringere Rolle spielen. Stattdessen stehen uns viele Optionen offen, z. B. bei der Wahl des Lebenspartners oder des Berufs. Die Freiheit der Wahl bedeutet aber auch den Zwang dazu und die fortgesetzte Unsicherheit darüber, ob man die richtige Wahl getroffen hat. Die meisten existenziellen Entscheidungen lassen sich nicht mehr rückgängig machen, und wir allein tragen die Verantwortung für sie.

Musiktauscher, *der*

Ein kleiner Teil der → Onliner nutzt das Internet, um über dezentral organisierte Peer-to-Peer-Netzwerke Musikdateien zu tauschen. Diese Gruppe ist vor allem der Musikindustrie ein Dorn im Auge. Und da auf vielen Musikstücken Urheberrechte liegen, die der willkürlichen Verbreitung entgegenstehen, ist das Ganze auch nicht ganz legal.

Netzverweigerer, *der*

→ Onliner.

Onlinefreundschaft, *die*

Das Aufkommen der sozialen Netzwerke im World Wide Web verändert auch den Begriff der Freundschaft. Während das Universalwörterbuch von Duden in der sechsten Auflage Freundschaft noch als ein »auf gegenseitiger Zuneigung beruhendes Verhältnis von Menschen zueinander« definiert, muss man sich heute fragen, wo denn die freundschaftsstiftende Zuneigung bleibt, wenn man von einem nahezu Fremden gegruschelt wird oder bei ihm auf der virtuellen Freundesliste landet. Der Ausdruck Bekanntschaft wäre wahrscheinlich angemessener, wenn man denn den neuen, sogenannten Freund halbwegs gut kennen würde.

Onlinegamer, *der*

→ Cybergamer.

Onliner, *der*

Das Internet teilt die Gesellschaft in drei Gruppen. Es gibt die regelmäßigen Nutzer des World Wide Web, die Dateien aller Art herunterladen, virtuell einkaufen oder ihre Finanzgeschäfte erledigen – dies ist die Gruppe der Onliner. Zweitens gibt es die Gruppe derer, die dies alles gerne tun würden, aber nicht können. Es wird befürchtet, dass sich zwischen diesen Gruppen eine digitale Kluft auftut, die sich mit dem rasanten technologischen Fortschritt immer weiter vertieft. Deshalb wird einiges getan, dieser Gruppe den Zugang zu ermöglichen. Am Rande steht letztendlich noch die Gruppe der Netzverweigerer, die ihren unvernetzten Lebensstil beibehalten wollen.

Partyotismus, *der*

Der Partyotismus ist eine neue, weich gespülte Form des Patriotismus, der sich in Deutschland vor und während der Fußballweltmeisterschaft (der Männer!) breitmachte und ein wenig auch auf die kurz darauf folgende Handballweltmeisterschaft abfärbte. Deutschland – das war für kurze Zeit das Synonym für Gastfreundschaft und Feierlaune. Auch das im Verhältnis zu den hohen Erwartungen eher mäßige Abschneiden der eigenen Mannschaft bei der Fußballweltmeisterschaft trübte dieses Bild nicht. Schwarz-rot-goldene Fahnen flatterten allenthalben, aber auch viele andere Farben waren zu sehen. Die kroatische Fahne am Fenster des Nachbarn blieb unberührt – ein Zeichen für die Gelassenheit, die den Partyotismus auch auszeichnete.

Praktikumsnomade, *der*

Der Arbeitnehmer von heute muss flexibel sein. Wenn er jung und unerfahren die Universität verlässt, wird er erst einmal durch zahlreiche Praktika geschleust. Bereits eine eigene Familie zu haben ist dabei hinderlich, denn der Arbeitsort des Praktikumsnomaden kann mehrmals jährlich wechseln. Früher winkte am Ende des Nomadenlebens meist die Festanstellung. Heute ist auch das nicht mehr sicher, wenn auch wahrscheinlich (→ Praktikantenstadl).

Regspotter, *der*

Regspotter sind Leute, die oft in die Luft gucken. Dies tun sie natürlich nicht aus Langeweile – sie wollen Ansichten sammeln. Die gesuchten Ansichten sind Flugzeuge, deren Registernummern notiert und wie in einem Fotoalbum gesammelt werden. Ein Gespräch zwischen Regspottern könnte wie folgt aussehen: »Hat jemand den Global Express (BD700), der neben dem Falcon steht?« – »Ich war nicht am Platz, aber ggf. kann jemand N838SC bestätigen arr.6.12. ex TEB? G.V N671LE war vorhin auch für 'ne Stunde hier.« Wie man sieht, ist dies alles höchst spannend – für die, die verstehen, worum es geht.

Retrotrend, *der*

Von den großen Fernsehanstalten angeheizt, machte sich zu Anfang dieses Jahrzehnts ein Sehnsuchtsgefühl breit, das bis heute anhält. Der Gegenstand dieses Gefühls sind die 70er- und 80er-Jahre des letzten Jahrhunderts, und vor allem die Mode und die Musik aus dieser Zeit. Dem Retrotrend folgt der Retrostil, der sich musikalisch zum Beispiel in einem Abbamusical Bahn bricht, modisch in vor Kurzem noch als peinlich empfundenen Hosen und Jacken. Es lohnt sich halt, seine Garderobe ein paar Jahrzehnte aufzuheben, und wenn man sich zwischenzeitlich vernünftig ernährt, dann passt man auch noch in die Klamotten, wenn die nächste Retrowelle rollt.

Samenklau, *der*

Der Samenklau gehört in das Repertoire der Albträume von Männern. Bei einem One-Night-Stand gibt die Frau vor zu verhüten, wird anschließend schwanger und belastet den Mann mit einer Rolle und Verantwortung, die dieser gar nicht auf sich nehmen wollte. Bis auf wenige prominente Ausnahmen, die von der Presse weidlich ausgeschlachtet werden, dürfte der Samenklau aber wirklich nur eines sein – ein männliches Hirngespinst.

Samenklau

Sargzwang, *der*

→ Friedhofszwang.

Scambaiter, *der*

Jeder, der unter der enormen Masse betrügerischer E-Mails in seinem Postfach leidet oder gar bereits auf einen der Betrugsversuche hereingefallen ist, wird Scambaiter als moderne Helden betrachten. Scambaiter (das Wort kann man mit »Betrugsköderer« übersetzen) versuchen, Betrüger (→ Scammer), ihrerseits zu ködern, in lange Dialoge zu verstricken und so zumindest eine Weile von ihrer kriminellen Tätigkeit abzuhalten. Bisweilen gelingt es einem Scambaiter auch, einen Betrüger zu entlarven und den Behörden des jeweiligen Landes zu übergeben. Meist sind die Betrüger aber zu gut organisiert, als dass es dazu käme. Es reicht immerhin für einige Nadelstiche, und dafür verdienen Scambaiter unsere Anerkennung.

Scammer, *der*

Das englische Wort *to scam* bedeutet »betrügen« oder »besch...en« – auf diesen einfachen Nenner lässt sich das kriminelle Ziel der Scammer bringen. Besonders berüchtigt sind die Scammer, die vermeintlich oder tatsächlich aus den unterschiedlichsten Staaten Afrikas kommen und mit angeblich jüngst und unerwartet verstorbenen reichen Verwandten und deren Bankdepots Druck auf unsere Tränendrüsen und unsere Geldbörse ausüben. Man sollte aber den Einfallsreichtum von Scammern keinesfalls unterschätzen und prinzipiell jedes virtuell unterbreitete Angebot misstrauisch beäugen (→ Scambaiter, Pump-and-dump).

Scheinvaterschaft, *die*

Von Scheinehen haben die meisten von Ihnen sicher schon gehört. Diese Ehen sollen Asylbewerber vor der Ausweisung bewahren. Eine neue Variante ist die Scheinvaterschaft. Innerhalb nur eines Jahres bekannten sich in Deutschland mehrere Hundert Ausländer zu einem Kind – und erlangten auf diesem Wege die Aufenthaltserlaubnis oder zumindest die Duldung. Die Innenminister der Länder argwöhnen – was sie von Amts wegen immer tun –, dass die Männer oft gar nicht die wirklichen Väter sind. Derzeit gibt es keine gesetzlichen Regelungen, nach denen die biologische Vaterschaft durch den Staat überprüft werden darf. Die Scheinvaterschaft verstößt folglich nicht gegen geltendes Recht: Wer die Vaterschaft eines Kindes anerkennt, um eine Aufenthaltsgenehmigung zu bekommen, ist kein Betrüger, weil niemand finanziell geschädigt wird. Und wenn der nicht biologische Vater sich wirklich um das Kind kümmert anstelle des entfleuchten echten Vaters, ist auch aus moralischer Sicht schlecht gegen die Scheinvaterschaft zu argumentieren.

Skriptkid, *das*

Ein Skriptkid ist ein Jugendlicher, der Programmschablonen, sogenannte Skripte, für Computerviren entwickelt. Das Skripten wird in manchen Kreisen regelrecht als Sport betrieben, und derjenige erhält am meisten Anerkennung, der die wirksamsten Vorlagen für Viren entwirft.

Speeddating, *das*

Der dynamische Single von heute möchte vielleicht die Liebe seines Lebens kennenlernen. Doch Zeit ist Geld, und allzu viel davon sollte auch die Partnerwahl nicht kosten. Und je größer die Auswahl, desto höher die Wahrscheinlichkeit, dass der oder die Richtige dabei ist. Das Speeddating ist ein Event, das diesen Bedürfnissen einer entwurzelten Turbogeneration entgegenkommt. Speeddating-Events sind in der Regel von kommerziellen Vermittlungsagenturen ausgerichtete Veranstaltungen, an denen Singles beiderlei Geschlechts in gleicher Anzahl teilnehmen. Die maximale Teilnehmeranzahl ist meist auf sieben bis zehn Personen pro Geschlecht beschränkt. Während der Veranstaltung lernt jeder männliche Single jeden weiblichen Single kennen und umgekehrt. Hierzu wird die Veranstaltung in Runden aufgeteilt, die jeweils circa sieben bis acht Minuten dauern. In dieser eng bemessenen Zeit haben die Singles die Gelegenheit, sich gegenseitig ein wenig zu beschnuppern. Dann ertönt ein Gong, als Zeichen dafür, dass die Runde zu Ende ist. Gleichzeitig notieren die Singles auf ihnen vorher ausgehändigten Zetteln, ob sie ihr Gegenüber gerne wiedersehen würden oder nicht. Nun wird aufgerückt, sodass sich männliche Singles und weibliche Singles in neuer Konstellation gegenübersitzen. Die oben beschriebene Prozedur wiederholt sich so lange, bis alle Paarungswilligen miteinander reden konnten; anschließend werden die Karten von den Veranstaltern eingesammelt und ausgewertet. Am nächsten Tag erhält jeder der Teilnehmer eine Mail darüber, wer von seinen möglichen Kandidaten auch ihn gerne näher kennenlernen würde. Die Speeddating-Begleitforschung hat herausgefunden, dass eine erfolgreiche Paarung meist nicht aufgrund einer Übereinstimmung der inneren Werte zustande kommt, sondern der gegenseitigen positiven Wahrnehmung des äußeren Erscheinungsbildes geschuldet ist. Auch der Körpergeruch spielt oft eine wichtige Rolle. Also immer nett anziehen, die Fingernägel reinigen und das richtige Parfüm wählen, bevor es zum Speeddating geht.

Stoozer, *der*

Ein Stoozer macht Gewinne, indem er irreguläre Zinsgefälle ausnutzt. Normalerweise liegt der Zinssatz, den eine Bank auf einen Kredit erhebt, höher als derjenige, der für eine Geldanlage ausgezahlt wird – ein eherner Grundsatz des Bankgeschäftes, der aber manchmal außer Kraft gesetzt wird, wenn Banken neue Kunden anlocken wollen. Das nahezu zum Nulltarif für einige Monate geliehene Geld wird von ausgefuchsten Stoozern auf gut verzinste Konten gelegt. Am Ende der zinsfreien Zeit wird der Kredit, manchmal mit dem Billigkredit einer neuen Kreditkarte, getilgt. Nach der Tilgung bleibt auf diese Weise immer etwas in der Kasse.

Stummikation, *die*

Die Stummikation wird als Form der Verständigung vor allem von älteren Ehe- und Geschwisterpaaren und zwischen Eltern und Kindern gebraucht. Ein paar Gesten und Blicke reichen hier meist aus. Es ist ganz und gar unnötig, die Kopfhörer abzunehmen oder den Fernseher leiser zu stellen.

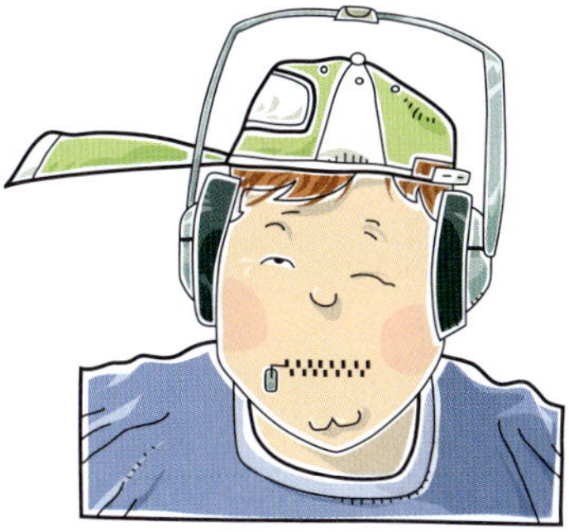

Stummikation

Sudokist, *der*

Ein Sudokist ist ein Anhänger eines Rätselsports namens Sudoku. Dabei gilt es, die Zahlen von eins bis neun in Quadrate einzutragen, sodass in keiner Reihe, keiner Zeile und keinem Quadrat eine Zahl mehrfach vorkommt. Die Regeln dieses Spiels sind einfach, es hat aber einen hohen Suchtfaktor. Auch der Autor dieser Zeilen ist bekennender Sudokist.

Suizidbegleiter, *der*

Ein qualvolles Leben oder ein früher Tod – vor dieser Alternative stehen viele Schwerkranke. Die Entscheidung zum Selbstmord ist alles andere als leicht, und sie ist ethisch umstritten. Darf man sich zum Herrn über Leben und Tod machen, wenn das Leiden überhand nimmt? Suizidbegleiter sind in einer schwierigen Lage. Im günstigsten Fall können sie einen Selbstmordkandidaten ins Leben zurückholen und diesem Leben einen Sinn geben. Im ungünstigsten Fall können sie den Übergang erleichtern. Immer aber werden sie in dem Verdacht stehen, eine Macht auszuüben, die ihnen nicht zusteht.

Themenbett, *das*

Ein Themenbett ist ein nach einem Motiv – z. B. Schiff oder Raumkapsel – gestaltetes Kinderbett. Denn zumindest Kinder möchten in

Themenbett

ihren Betten noch mehr machen als nur schlafen. Alle Eltern, die in den Betten ihrer Sprösslinge schon die erstaunlichsten Dinge gefunden haben, können davon ein Lied singen.

Themensarg, *der*

Im Themensarg können die Hinterbliebenen die sterblichen Überreste des Verstorbenen stilvoll und angemessen präsentieren. Für den Raser, der den Autobahntod starb, bietet sich ein Sarg in Form eines Sportcoupés an. Der Individualität sind aber dennoch Grenzen gesetzt, denn noch sind nicht viele Firmen in diesem Marktsegment tätig. Die Firma *WightLight* bietet in den USA gerade mal 40 Motive zur Auswahl an, darunter »Erinnerungen an die Jagd« für den passionierten Jäger, »Das letzte Loch« für den Golfer und »Das Rennen ist vorbei« für den erwähnten Autobahntoten, den Formel-1-Fan oder den ehemaligen Karrieristen. Auch religiöse Motive sind im Angebot. Wenn die deutsche Friedhofsordnung dies zulässt, tut sich ein interessantes neues Erwerbsfeld für manchen Schreinerbetrieb auf. Gestorben wird immer, so stilvoll beerdigt aber selten.

Vielsauger, *der*

Der Vielsauger gehört zur Spezies der → Onliner. Er zeichnet sich dadurch aus, dass er die Datennetze verstopft, indem er massenhaft Spielfilme, Musikstücke und andere multimediale Schwergewichte auf die eigene Festplatte herunterlädt. Das Breitbandnetz hat das Aufkommen einer Generation von Vielsaugern erst ermöglicht.

Weltlachtag, *der*

Lachen ist gesund. Einmal im Jahr zu lachen ist bestimmt nicht ausreichend, aber immerhin besser als nie. Der Weltlachtag erinnert uns daran. Er wird seit 1998 am ersten Sonntag im Mai begangen. Die Idee stammt aus der Lachbewegung des Yoga, die weltweit in über 5 000 Lachclubs organisiert ist. Ob damit das von den Organisatoren gesteckte Ziel erreicht wird, ein globales Bewusstsein der Brüderlichkeit und der Freundschaft durch das Lachen zu erreichen, ist fraglich. Es gibt ja immerhin auch das hämische Lachen. Aber Lachen aus reiner Lebensfreude soll ja ansteckend sein, und der Mai ist sicher der beste Monat dafür. Also merken Sie sich den Tag schon mal im Kalender vor – am besten mit einem Smiley.

Wickelvolontariat, *das*

Die schwarz-rote Bundesregierung hat ein zwölfmonatiges Elterngeld beschlossen, mit dem gut bezahlte berufstätige Frauen ermutigt werden sollen, Kinder zu bekommen. Vätern will der Staat zusätzlich zwei Monate lang diese Lohnersatzleistung zahlen, wenn auch sie eine Elternpause einlegen, zu Hause bleiben und sich um das Kind kümmern. Politiker, die an den traditionellen Geschlechterrollen festhalten, haben versucht, diese Regelung als *Wickelvolontariat* zu diffamieren. Aber vielleicht macht diese Bezeichnung die Sache ja gerade interessant. Und der Ausdruck verdeutlicht, wenn auch unfreiwillig, dass Familienarbeit nicht nur unterbezahlt, sondern auch mit Geringschätzung behaftet ist. Immerhin haben diese Politiker durchgesetzt, dass Eltern(teile), die sich zu Hause der Erziehung ihrer Kinder widmen wollen, mit berufstätigen Eltern im Wickelvolontariat gleichgestellt werden. Auch hier hat der politische Gegner zurückgeschlagen und diese finanzielle Leistung als *Herdprämie* diffamiert.

Zeugungspatriotismus, *der*

Die Deutschen werden im Durchschnitt immer älter, und irgendwann sterben sie aus. Müssen wir es deshalb als vaterländische Pflicht ansehen, eine große Zahl von Kindern in die Welt zu setzen? Die Verjüngung der Gesellschaft von innen heraus lässt sich nicht verordnen, auch wenn manche Politiker das begrüßen würden, und ein Begriff wie Zeugungspatriotismus wird nicht mehr bleiben als ein Papiertiger.

Sport und Freizeit

Die Trendsportarten haben in den letzten Jahren nicht nur für eine Bereicherung unserer Erlebniswelt, sondern auch unseres Wortschatzes gesorgt. Nicht nur die bisweilen sehr ausgefallenen neuen Sportarten selbst müssen benannt werden, auch das Gerät, das man zu ihrer Ausübung benötigt. Besonders im Trend liegt dabei die Verwendung aller Arten von Brettern und Fluggeräten.
Trendsportarten stellen unseren Körper und unseren Geist oft vor sehr große Herausforderungen. Sie verleihen unserem mitunter eintönigen Alltag einen besonderen Kick, sei es als Betätigung zu Hause, sei es als Erlebnis im Urlaub.

Ballfinder, *der*

Der Ballfinder ist ein handliches elektronisches Gerät, mit dem man sehr schnell Golfbälle lokalisieren kann, die normalerweise schwer zu finden sind. Noch besser wäre es, man erfände den intelligenten Golfball, der selbstständig zum Schützen zurückkommt, wenn dieser pfeift oder ein anderes Zeichen gibt.

Ballfinder

Basejumping, *das*

Basejumping ist eine Form des Fallschirmspringens, bei der von einem festen Objekt, z.B. von einem hohen Gebäude, einem Antennenmast oder einer Brücke gesprungen wird. Ein besonderer Reiz dieses Sports liegt darin, dass das Springen von diesen Objekten oft verboten ist und man sich zunächst samt Ausrüstung am Wachpersonal vorbeimogeln muss. Personen, die diese Sportart ausüben, werden auch als Objektspringer bezeichnet.

Bodycarven, *das*

Das Carven ist eine Art des Skisports. Unterschieden wird zwischen dem temporeichen Racecarven und dem eher an Spaß und Ästhetik orientierten Funcarven. Das Bodycarven ist eine Form des Funcarvens und gleichzeitig dessen Königsdisziplin. Charakteristisch ist die extreme Kurvenlage, die man dabei erreicht. Die extremen Körperhaltungen beim Bodycarven sorgen zugleich für maximale Unsicherheit. Schon leichte Bodenunebenheiten können den Sportler aus dem Gleichgewicht bringen. Aber das ist wahrscheinlich ein Teil des Nervenkitzels, der diesen Sport attraktiv macht.

Bodydrag, *der*

Der Bodydrag, auch Körperzug genannt, ist ein Manöver beim Kitesurfen und Windsurfen, bei dem der Surfer vom Drachen oder Segel durch das Wasser gezogen wird. Beim Windsurfen gehört das Manöver zum Repertoire des Tricksurfens für Fortgeschrittene, beim Kitesurfen zur Anfängerschulung. Nass wird man dabei in jedem Fall.

Crashpad, *das*

Das Crashpad ist eine dick gepolsterte Matte, die beim Klettern ohne Seil und in geringer Höhe benutzt wird. Es soll bei einem Sturz vor Verletzungen schützen und lässt sich für den bequemen Transport falten und mit Tragegurten versehen. Durch die schräge Anordnung der Faltpunkte wird ein Durchdringen der Matte durch die edlen Körperteile oder gar ein Aufschlagen auf dem Boden verhindert. An einem guten Crashpad hätten wahrscheinlich auch die empfindlichen Glieder der Prinzessin auf der Erbse nichts auszusetzen.

Gateball, *das*

Gateball ist ein Spiel für Ältere und sehr Alte. Es kommt aus Japan und beginnt sich allmählich auch bei uns in Europa zu etablieren. Ähnlich wie beim Krocket schlagen die Gateball-Spieler mit einem

Hammer rote und weiße Kugeln über ein Spielfeld, auf dem drei kleine Tore stehen. Jede Kugel muss in der richtigen Reihenfolge durch die drei Tore rollen, wofür es jedes Mal einen Punkt gibt. Es geht bei diesem Spiel nicht nur darum, schnell Punkte zu machen, sondern auch darum, die Spielzüge des Gegners effektiv zu stören. Es kommt also mehr auf Geschicklichkeit an als auf Kraft und Ausdauer. Wer Gateball spielen kann, mag vielleicht alt sein, aber nicht gebrechlich.

Gigathlon, *der*

Gigathlons werden vorwiegend in der Schweiz veranstaltet. Sprachlich wird hier eine Analogie zum Biathlon oder Triathlon hergestellt. Durch das Präfix *Giga-* wird zudem eine Steigerung zum Ausdruck gebracht. Der Gigathlon ist eine Mischung aus Sportveranstaltung und Abenteuerreise. Allein, zu zweit oder zu mehreren gilt es, Berge, Seen und Schluchten in den Disziplinen Inlineskaten, Laufen, Schwimmen, Bikefahren und Fahrradfahren zu überwinden und dabei Wind und Wetter zu trotzen. Der Gigathlon ist also eine Art Abenteuer-Fünfkampf.

Jogball, *das*

Jogball ist ein Geschicklichkeitsspiel für zwei Personen. Aufgabe des Spielers ist es, einen Jonglierball mittels eines Holzschlägers aufzufangen und ihn dann wieder zum Gegner zu werfen. Auch Kinder können schon das Fangen üben, da der Ball nicht vom Schläger abspringt. Das Spiel ist mit Badminton und Speckball verwandt und bietet eine interessante Alternative für den nächsten Familienurlaub am Strand.

Klokicker, *der*

Da schlagen Männerherzen höher: Mit dem Klokicker kann man nun auch beim Wasserlassen die schönsten Tore der Lieblingsmannschaft nachspielen. Der Klokicker besteht aus einem Tor, an dem der an einem Faden hängende Ball angebracht wird. Das Ganze wird in der Schüssel des Pissoirs installiert. Wenn man mit dem Strahl den Ball so trifft, dass er die imaginäre Torlinie überquert, dann verfärbt sich der Ball. In den Zeiten des boomenden Frauensports ist der Klokicker eine der letzten Männerdomänen und zugleich ein Muss für jede Fußballkneipe, die etwas auf sich hält.

Kuhaugenweitspucken, *das*

Das Kuhaugenweitspucken ist eine Disziplin des traditionellen westfälischen Siebenkampfes, neben dem Mistgabelzielwerfen und dem Heuballenwettrollen, und sicher auch eine Frage des Geschmacks.

Kuhaugenweitspucken

Kuhbingo, *das*

Beim Kuhbingo wird eine Wiese wie ein Schachbrett in 64 Felder unterteilt und umzäunt. Auf jedes dieser 64 Felder kann getippt werden. Anschließend wird eine Kuh von einem Bauern auf diese Wiese getrieben. Jedes Feld gewinnt, auf dem die Kuh ihr Geschäft verrichtet.

Optionsticket, *das*

Das Optionsticket wurde erstmals zur Fußballweltmeisterschaft 2006 angeboten. Es ist aber zu vermuten, dass es als Geschäftsmodell für sportliche Großveranstaltungen überleben wird, zumal diese Art der Ticketvergabe als großer Erfolg gefeiert wurde. Das Optionsticket ist dort sinnvoll, wo die Nachfrage das Angebot deutlich übersteigt und man zwischen mehr als einer Veranstaltung wählen kann, z. B. bei Großturnieren und Olympiaden. Bezahlt wird für die Möglichkeit, ein Ticket für eine von mehreren interessanten Veranstaltungen zu erwerben. Wenn man Glück hat, dann kann man später sagen, man sei dabei gewesen. Ansonsten gibt es das Geld zurück. Ist nicht jedes Ticket ein Optionsticket? Es ist mit der Hoffnung auf ein unterhaltsames Ereignis verbunden, aber viele Veranstaltungen sind leider alles andere als das.

Shorebreak, *der*

Shorebreaks sind Wellen, die sich am Strand brechen. Sie können ab einer bestimmten Größe und vor allem bei kiesigem oder steinigem Untergrund für Surfer gefährlich werden. Die Welle kann einen Surfer durchaus mit einiger Wucht auf den Grund schleudern. Surfer sollten Shorebreaks deshalb unbedingt meiden. Ein ausgewachsener Shorebreak kann nämlich nicht nur das teure Board, sondern auch so manchen Knochen brechen. Bodyboarder können sich dagegen in Shorebreaks wagen, wenn sie das Board wirklich unter dem Körper halten. Machen Sie mich aber bitte nicht dafür verantwortlich, wenn Ihr Board dennoch entzweigeht. Deshalb hier mein Tipp: Ohne Board ins Wasser zu gehen ist allemal sicherer!

Swooping, *das*

Das Swooping, auch *Canopy Piloting* genannt, ist eine relativ junge Disziplin im Fallschirmsport. Beim Swooping werden sehr kleine und wendige Hochleistungsfallschirme mit einer Drehung in 200 bis 300 Meter Höhe so beschleunigt, dass dabei eine Geschwindigkeit von über 180 km/h erreicht wird. Die geflogene Parabel sollte möglichst horizontal über dem Boden enden. Der Fallschirmpilot nimmt die Energie der Sinkgeschwindigkeit mit in die Horizontale. Er muss bei der Landung ein 1,5 m hohes und 10 m breites Tor durchfliegen und kann dabei Strecken von über 200 Metern weit fliegen, ohne den Boden zu berühren. Es gibt im Swooping mittlerweile auch offizielle Wettkämpfe.

Informations-technologie

Das World Wide Web und die Welt der Computerspiele haben den alltagssprachlichen Wortschatz in den letzten Jahren mit am meisten bereichert. Während in der Welt der Hardware alles immer schneller und robuster wird, ohne dass die Bezeichnungen dafür sprachlich besonders auffallen, und es im Bereich der Software wenig nennenswerte Innovationen gibt, bilden das WWW und Computerspiele neue Erlebniswelten einer eigenen, virtuellen Art. Diese erfordern nicht nur neue Kulturtechniken und Verhaltensmuster, um sich in ihnen zurechtzufinden und zu bewähren, sondern auch neue Wörter.

Die neuen virtuellen Welten haben aber auch ihre Schattenseiten: Sie bringen neue Formen des Betrugs und des Verbrechens hervor, deren Opfer wir alle werden können. Auch diese neuen Formen der Kriminalität und ihre Bekämpfung liefern zahlreiche Neuwörter.

Altersverifikation, *die*

Im virtuellen Geschäftsverkehr bekommt man den Geschäftspartner normalerweise nicht zu Gesicht. Man weiß also auch nicht, ob der Partner das für ein bestimmtes Geschäft notwendige Alter erreicht hat. Die Alterskontrolle ist aber bei einigen Geschäften sogar gesetzliche Pflicht. Deshalb setzt die Onlinewirtschaft auf Altersverifikation. Ein relativ unsicheres und deshalb nicht überall zulässiges Verfahren ist die Eingabe einer Personalausweisnummer in ein Webformular, denn es bleibt die Unsicherheit, ob der Geschäftspartner wirklich Eigentümer des Personalausweises ist. Sicherer ist ein Verfahren, bei dem ein Mensch aus Fleisch und Blut den Personalausweis prüft und das Bild mit dem Aussehen des vorgeblichen Besitzers vergleicht. Die Deutsche Post bietet einen solchen Service an, wobei die Prüfung durch den Briefträger oder in einer Filiale der Post stattfindet.

Altersverifikation

Bezahltext, *der*

Viele Zeitungen stellen die digitale Version ihrer aktuellen Ausgaben den Lesern kostenlos zur Verfügung. Nach einiger Zeit, meist einer Woche, muss für den gleichen Text jedoch ein meist geringer Betrag bezahlt werden, wenn man ihn herunterladen und lesen möchte. Mit diesem Geschäftsmodell wird nicht der regelmäßige Leser aktueller Ausgaben zur Kasse gebeten, sondern derjenige, der für eine Recherche zu einem bestimmten Thema kurzfristig gute und verlässliche Informationen braucht. So kann auf geschickte Weise der Service für den Leser mit Einnahmen aus der Zweitverwertung der Informationen kombiniert werden.

Bietagent, *der*

Ein Bietagent ist ein Programm, das bei Onlineauktionen zum Einsatz kommt. Man kann ihn mit einem Höchstangebot für einen bestimmten Artikel »beauftragen«. Der Agent gibt erst Sekunden vor dem Ende einer Auktion das Höchstgebot ab. Andere, menschliche Interessenten können nicht mehr reagieren. Der Bietagent ist außerdem unermüdlich Tag und Nacht unterwegs und kann auch dann handeln, wenn der Auftraggeber schläft. Spannend wird es, wenn sich mehrere Bietagenten um einen Artikel streiten. Dann ist doch wieder die Intervention des Auftraggebers gefragt. Es gewinnt, wer seinen Agenten mit dem letztendlich höchsten Gebot beauftragt hat.

Bildschirmtastatur, *die*

Eine Bildschirmtastatur ist das Abbild einer echten Tastatur. Das Drücken einer einzelnen Taste wird durch Anklicken mit der Maus simuliert. Der Effekt ist analog zum Drücken einer echten Taste, es erscheint z. B. ein Buchstabe in einem Textverarbeitungsprogramm, oder eine Funktion in einem Anwendungsprogramm wird aktiviert. Bildschirmtastaturen kommen dort zum Einsatz, wo keine echte Tastatur bedient werden kann. Sie eignet sich auch dann, wenn Zeichen erzeugt werden sollen, die auf der Standardtastatur nicht zur Verfügung stehen. Man denke etwa an das Verfassen eines koreanischen Textes mit einem Rechner, der nach westeuropäischem Standard ausgerüstet ist.

Blogometer, *das*

Ein niederländischer Forscher hat eine Software entwickelt, die die momentane Stimmung in der Blogger-Community ermittelt. Grundlage dafür ist die Analyse der Bloggersprache im Hinblick auf Äußerungen von Gefühlszuständen. In einigen Blogeinträgen kann man außerdem seine Beiträge mit Stimmungsindikatoren (sogenannten *Mood-Tags*) versehen. Durch die Analyse dieser von vornherein einer bestimmten Stimmung zugeordneten Beiträge konnte die Software auf das Erkennen einer bestimmten Stimmung aus einem Blogbeitrag trainiert werden. Die Analyse der Stimmungslage ergibt allerdings wenig Überraschendes. Vor dem Valentinstag häufen sich Verliebtheits-, aber auch Einsamkeitsgefühle. Rund um den Jahreswechsel wurde erst Einsamkeit, Nachdenklichkeit und Aufgeregtheit, dann Trunkenheit und am 1. Januar schließlich Erschöpfung gemessen – Stimmungen, die den meisten von uns an diesen Tagen nicht ganz fremd sein dürften. Überraschend ist allerdings, dass der 7. März des untersuchten Jahres der bislang traurigste Tag im Leben der untersuchten Blogger-Community war. Warum das so war, das ist unklar. Um das herauszufinden, bedarf es wohl immer noch menschlicher Intelligenz und Sensibilität.

Chatbot, *der*

Beim Onlinegespräch im Chatraum bleibt der Gesprächpartner bzw. die Gesprächspartnerin im Verborgenen. Man sieht das Gegenüber nicht, und so kann der im Chatraum vermittelte Charakter deutlich vom realen Charakter des Gesprächspartners abweichen. Ein Extremfall ist das Gespräch mit einem Chatbot, einem Programm, das einfache Fragen und Bemerkungen versteht und angemessen darauf reagiert. Im Gegensatz zu menschlichen Wesen machen Chatbots meist kein Geheimnis um ihre wahre Existenz. Sie werden in der Regel als nützliche Helfer eingesetzt, die neuen Benutzern Computerprogramme oder virtuelle Umgebungen erläutern und auf entsprechende Fragen kompetent Antwort geben. Mehr leisten sie meistens nicht.

Cheat, *der*

Überall dort, wo es Konkurrenz gibt, finden sich auch solche Konkurrenten, die sich mit nicht (ganz) legalen Mitteln Vorteile zu verschaffen versuchen. Dies gilt besonders für Sport und Spiel. Was dem Profisportler das Dopen, das ist dem leidenschaftlichen Computerspieler – auch *Gamer* genannt – das Cheaten. Als Cheat wird die Möglichkeit bezeichnet, in einem Computerspiel den Spielverlauf in einer unfairen Weise zu beeinflussen. Es handelt sich dabei beispielsweise um Tricks, mit denen besonders schwere Abschnitte des Spiels übersprungen werden können. Die Entwicklung von Cheats, die man sich als kleine Ergänzungen der Spielsoftware vorstellen muss, wird dadurch erleichtert, dass nicht faire Spielvarianten von den Entwicklern selbst, meist zu Testzwecken, in den Programmcode geschrieben werden. Diese versteckten Varianten können von findigen Programmierern ausgenutzt werden. In der Mikrowelt eines bestimmten Spiels kann man gottähnlichen Status erreichen, wenn man genug Geld für den Erwerb von Cheatcodes hat. Mittlerweile hat sich um die populären Computerspiele herum eine regelrechte Cheat-Industrie entwickelt, die mit der Doping-Industrie im Sport vergleichbar ist. Wie im Sport droht bei Gruppenspielen allerdings der Ausschluss, wenn man beim Mogeln erwischt wird.

Cyberbrille, *die*

Ein japanisches Unternehmen hat eine Cyberbrille mit dem wenig attraktiven Namen *Teleglass T3-F* auf den Markt gebracht, zunächst allerdings nur für Unternehmenskunden. Das Gerät besteht aus einer Brille, einem sogenannten *Head-Mounted Display* (kurz: HMD) und einer Fernbedienung. Das einäugige HMD wird wie ein Visier vor die Brille geklappt. Die Bildauflösung ist allerdings mit 320 × 240 Pixeln noch recht gering. Dafür ist das Display mit 35 Gramm noch so leicht, dass man es kaum spürt. Wenn man die Cyberbrille mit Datenfernübertragung koppelt, dann kann man z. B. im Pendlerzug fernsehen anstatt in die müden Gesichter der Mitreisenden zu blicken.

Cyberpirat, *der*

Cyberpiraten sind Personen, die sich Domainnamen berühmter Personen oder Firmen aneignen. Dies tun sie einzig mit dem Ziel, diese Namen gewinnbringend weiterzuverkaufen. Die Rechtsprechung steht mittlerweile überwiegend auf Seiten derer, die ihren Domainnamen von Cyberpiraten einfordern, ohne den von diesen diktierten Preis zu zahlen.

Cyberstalking, *das*

Cyberstalking nennt man eine Form der obsessiven Belästigung, bei der Neue Medien wie das Internet oder Mittel der Telekommunikation verwendet werden. Verlassene Liebhaber oder gestörte Persönlichkeiten bedrohen ihr Opfer mit Mails oder SMS, schalten gefälschte Kontaktanzeigen und ordern online Waren im Namen des Betroffenen. Den Behörden fehlen oft noch Experten und die juristischen Mittel, um die Opfer wirkungsvoll vor dem Cyberstalking zu schützen.

Dateianhang, *der*

Dateianhänge zu E-Mails sind in den letzten Jahren in Verruf geraten, dienen sie doch oft genug als Einfallstor für Schadprogramme aller Art, die wahlweise das Dateisystem eines Rechners zerstören, wesentliche Teile der Hardware durcheinanderbringen oder auf dem Rechner gespeicherte Daten ausspionieren und an den Urheber der Schadsoftware senden. Das Unglück beginnt meist mit dem Klick auf eben diesen Dateianhang, mit dem die Datei heruntergeladen wird. Die schöpferische Leistung der Urheber solcher Mails besteht in einem Text, mit dem der Empfänger der E-Mail genau dazu gebracht werden soll. Dies geschieht meist durch Drohen (»Sie sind beim Ehebruch beobachtet worden«) oder Locken (»Im Anhang finden Sie Ihre Gewinnnummer«).

Dateianhang

Denk-Bloggade, *die*

Blogs können unser Denken auf zweierlei Weise beeinflussen. Zum einen kann ein regelmäßig konsumierter Blog unser Denken prägen, in ähnlicher Weise, wie der regelmäßige Konsum einer Zeitung uns beeinflusst. Als Verfasser eines Blogs neigt man zum anderen dazu, die eigene Welt in blogbare Häppchen zu zerlegen. Beides sind Denk-Bloggaden, die wir nur im reflektierten Umgang mit dieser Textsorte vermeiden oder überwinden können.

Desktopsuchmaschine, *die*

Suchmaschinen können mittlerweile Milliarden von Dokumenten in Sekundenschnelle nach Suchbegriffen durchforsten und so ein unbeschreiblich großes Dokuversum erschließen. Seien wir ehrlich: Sieht es auf unseren Festplatten nicht mittlerweile ähnlich chaotisch aus wie im World Wide Web? Je größer die Festplatten, desto größer und unübersichtlicher auch der darauf gespeicherte Datenberg. Diese Daten können nun mit Desktopsuchmaschinen erschlossen werden, die ähnlich funktionieren wie die großen Suchmaschinen und manchmal auch von den gleichen Herstellern stammen, ihre Suche aber auf die heimische Festplatte oder das private Netzwerk beschränken.

Double-Opt-in, *das*

Das Opt-in ist ein Verfahren, bei dem der Wunsch nach Empfang regelmäßiger Nachrichten, z. B. in Form von Newslettern, vom Empfänger explizit kundgetan werden muss. Durch einmaliges Eintragen in eine Abonnentenliste stimmt der Empfänger beim Opt-in-Verfahren der Zustellung zu. Ein großes Problem bei einfachem Opt-in z. B. über E-Mail oder ein Webformular besteht darin, dass beliebige Kontaktdaten zur Anmeldung verwendet werden können, also auch fehlerhafte Daten oder Daten dritter Personen hierfür benutzt werden könnten. Da solche falschen oder missbräuchlichen Einträge immer wieder zu Problemen und Ärger führten, wurde das Double-Opt-in eingeführt. Jemand, der einen Newsletter abonnieren möchte, trägt seine Daten inklusive seiner E-Mail-Adresse in ein Webformular ein. Als Antwort auf diese Daten schickt der Anbieter des Newsletters eine Nachricht an das angegebene Postfach. In dieser Nachricht befindet sich ein Link. Erst wenn der Empfänger auf diesen Link klickt, gilt die Bestellung als durchgeführt. Auf diese Weise ist sichergestellt, dass wirklich kein anderer als der Eigentümer des Postfachs den Newsletter bestellt hat.

Downvoting, *das*

Das Bewerten von Beiträgen ist ein wichtiges Instrument der Öffentlichkeit im World Wide Web, um die Spreu fragwürdiger bis schlechter Produkte vom Weizen des Lesens- oder Sehenswerten zu trennen. Ein so wichtiges Instrument der kollektiven Meinungsbildung ist natürlich auch anfällig für Manipulationen, denn besonders da, wo nur wenige abstimmen, ist die Wirkung weniger manipulierter Stimmen groß. Ein Mittel der Manipulation ist das gezielte Downvoting von Beiträgen: Organisierte Gruppen von Benutzern einer Website, auf der das Voting gestattet ist, können sich abstimmen und einen Beitrag einer ungeliebten Person so schlecht bewerten, dass er kaum eine Chance hat, von der breiteren Öffentlichkeit wahrgenommen zu werden. Es dürfte allerdings schwer sein, organisiertes Downvotings von der realistischen Einschätzung eines wirklich schlechten Beitrags zu unterscheiden. Mit dem Vorwurf des Downvotings ist man deshalb auch schnell bei der Hand, wenn der eigene Beitrag bei den Abstimmenden durchfällt.

Earlyware, *die*

Earlyware ist Software, die zu früh und in unstabilem oder unzureichend getestetem Zustand ausgeliefert wird. Grund für diese Schnellschüsse sind die immer kürzer werdenden Entwicklungs- bzw. Versionszyklen und der große Konkurrenzdruck. Es kann ökonomisch interessant sein, mit einem neuen Produkt vor dem Konkurrenten auf dem Markt zu sein, auch wenn das Produkt noch nicht ausgereift ist. Ob das die Zuneigung der Kunden sichert, das steht auf einem anderen Blatt.

E-Doping, *das*

Bei Computerspielen geht es ähnlich zu wie im Sport: Es gibt die Masse von Hobbyspielern und eine kleine Elite von professionellen Spielern (auch *Gamer* genannt), die mit dieser Beschäftigung ihren Lebensunterhalt verdienen. Der Anreiz liegt in den Preisgeldern, die bei manchen kompetitiven Gruppenspielen im sechsstelligen Bereich liegen können. Da scheint es schon eine Überlegung wert, ob man dem eigenen Glück oder Geschick nicht etwas nachhelfen soll. Was dem Leistungssportler sein Eigenblutdoping, das sind dem Profigamer seine → Cheats, kleine Skripte, die auf Tastendruck aktiviert werden und mit denen sich der Spieler einen Vorteil gegenüber seinen Gegnern verschaffen kann. Wer beim E-Doping erwischt wird, der wird von den professionellen, kommerziell betriebenen Plattformen ausgesperrt. Auch darin ähneln Computerspiele dem Profisport.

Faceprint, *der*

In einigen Städten der USA, vor allem in solchen mit besonders paranoiden Stadtverwaltungen, werden neuerdings Faceprint-Systeme zur Überwachung des öffentlichen Raums eingesetzt. Bei dieser Technik, die auch bereits in Casinos und Banken zum Einsatz kommt, nehmen Videokameras die Gesichter von Passanten auf. Eine Software erstellt dann in Echtzeit ein Datenprofil und vergleicht es mit entsprechenden Merkmalen gespeicherter Fahndungsfotos. Die Software erstellt aus bis zu 80 Gesichtsmerkmalen einen sogenannten Faceprint, der ähnlich unverwechselbar sein soll wie ein Fingerabdruck. Der digitale Code macht es möglich, gesuchte Personen selbst dann in einer Menge zu erkennen, wenn sie sich mit einer Sonnenbrille oder einem Bart tarnen. Damit sollen per Strafbefehl gesuchte Personen geortet werden, wenn sie sich auf einem der überwachten Plätze aufhalten. Da dafür natürlich alle Gesichter analysiert werden müssen, die sich dort blicken lassen, stellt dies einen nicht unerheblichen Eingriff in die Privatsphäre aller anderen, unverdächtigen Personen dar. Viel hängt auch davon ab, ob die Überwachungsdaten längerfristig gespeichert werden und damit für spätere Auswertungen zur Verfügung stehen.

Fortschrittsleiste, *die*

Die Fortschrittsleiste ist ein Bestandteil vieler Computeranwendungen. Der Benutzer wird darüber auf dem Laufenden gehalten, wie weit die Ausführung eines Prozesses schon gediehen ist. Die Fortschrittsleiste ist vor allem ein Lebenszeichen eines Programms, mit dem Benutzer beruhigt werden, wenn auf dem Bildschirm mal wieder gar nichts passiert. Die Angabe der Dauer, die ein Prozess noch benötigt, ist nur mehr oder weniger genau, ganz genau lässt sich die

Verarbeitungszeit selten ermitteln. Aber als Benutzer weiß man zumindest, ob man sich noch in aller Ruhe eine Tasse Kaffee holen kann.

Freemailer, *der*

Ein Freemailer ist ein Webserver, auf dem man kostenlos seine Mails verwalten kann. Wenn man sich bei einem Freemailer registriert, erhält man eine Nutzerkennung, die auch als Mailadresse verwendet werden kann. Eingehende Mails können verwaltet und beantwortet werden.

Gratisexperte, *der*

Jeder, der ein Experte ist oder sich für einen hält, kann sich auf Websites wie www.wer-weiss-was.de oder www.gutefrage.net registrieren und so zum Gratisexperten werden. Andere Besucher der Web-

Gratisexperte

sites können an diese Gratisexperten eine Frage richten. Die Experten können neue Fragen einsehen, die in ihr Fachgebiet fallen. Die Kehrseite des Systems: Es ist weder garantiert, dass man als Ratsuchender überhaupt eine Antwort erhält, noch, dass diese Antwort verlässlich ist. Wenn also mehr auf dem Spiel steht als die Befriedigung der Neugier oder eine Wette unter Freunden, dann lohnt es sich doch, für einen Expertenrat etwas Geld aufzuwenden und somit sicherzustellen, dass der Experte für eine falsche Auskunft haftbar gemacht werden kann.

How-to, *das*

Eine Benutzeranleitung zu einem komplexen Produkt kann man entlang der verschiedenen Funktionen des Produkts verfassen oder man kann darstellen, auf welche Weise der Benutzer mit dem Produkt verschiedene Handlungen durchführen kann. Der zweite Fall wird durch eine Anleitung nach Art des How-to (in etwa: »gewusst wie«) erreicht. How-tos sind vor allem bei der Beschreibung von Computerprogrammen beliebt. Sie gehen von der Annahme aus, dass der Benutzer das Programm nicht als einen Selbstzweck betrachtet, sondern als ein Mittel, um bestimmte Ziele zu erreichen. Wer ein brauchbares How-to verfassen will, muss natürlich möglichst alle sinnvollen Handlungen kennen, die mit dem entsprechenden Produkt ausgeführt werden können.

Infoticker, *der*

Mit einem Infoticker ist es möglich, aktuelle Informationen in Form von Texten, Tabellen und Bitmaps über den Bildschirm zu scrollen. Die Informationen laufen in Leserichtung über den Bildschirm. Die Geschwindigkeit ist je nach Leseleistung des Publikums variierbar.

Klickbetrug, *der*

Ob eine Werbung Wirkung zeigt, indem sie den potenziellen Kunden zur Produktseite führt, das lässt sich im World Wide Web relativ leicht ermitteln. Man platziert auf einer Webseite ein Werbebanner, hinter dem ein Link auf die Produktseite oder eine virtuelle Verkaufsstelle steckt. Klickt jemand, der die Webseite besucht, auf das Werbebanner, dann wird er auf die Zielwebseite geführt. Auf dieser Webseite wird darüber Buch geführt, woher der neue Interessent oder Kunde kam. Daraus hat sich ein Geschäftsmodell entwickelt: Viele platzieren Werbebanner auf ihren Webseiten und erhalten eine kleine Vergütung für jeden Benutzer, den sie damit auf die Zielwebseite führen. Manche Webseite besteht mittlerweile ausschließlich aus solchen Werbebannern. Als alternatives Geschäftsmodell hat sich daraus der Klickbetrug entwickelt. Der Klick des interessierten Benutzers wird durch ein zwischengeschaltetes Programm simuliert. Damit lassen sich erkleckliche Einnahmen generieren. Deshalb gibt es mittlerweile Programme, die solchen Klickbetrug aufdecken. Das Ganze erinnert ein wenig an das Rennen zwischen Hase und Igel.

Kommentierungsfunktion, *die*

Weblogs sind nicht ausschließlich Verlautbarungsorgane. Über die Kommentierungsfunktion können die Leser des Blogs mit dem Autor eines Beitrags und mit anderen Lesern ins Gespräch kommen. Diese Funktion trägt wesentlich zur Community-Bildung bei, kann man doch erwarten, dass Autor und Leser eines Blogs gemeinsame Interessen oder Ansichten haben. Auch die Online-Ausgaben vieler Zeitungen verbinden ihre Artikel mit einer Kommentierungsfunktion, um mit den Lesern ins Gespräch zu kommen und diese als Kunden an ihr Produkt zu binden.

Kurbel-Laptop, *der*

Die digitale Kluft, die vor allem Länder der Dritten Welt an der Teilhabe am weltumspannenden Daten- und Rechnerverbund hindert, muss überwunden werden. Darüber sind sich die meisten Politiker einig. Was aber fängt man mit handelsüblichen Computern in Ländern und Regionen an, in denen noch nicht mal eine regelmäßige Stromversorgung gesichert ist? Abhilfe schafft hier der Kurbel-Laptop. Der Rechner wird mit Energie gespeist, die dadurch gewonnen wird, dass der Benutzer durch Drehen einer Kurbel das Ladegerät auflädt. Ein Kurbel-Laptop wäre aber sicher auch etwas für Benutzer in unseren Regionen. Wer jedes Mal, bevor er sich ein Musikstück herunterlädt, fünf Minuten an der Kurbel drehen müsste, würde sich wahrscheinlich gründlicher überlegen, ob er dieses Musikstück wirklich braucht.

Lexikonattacke, *die*

Die Lexikonattacke ist ein Verfahren zum Knacken von Zugängen, die durch Passwörter geschützt sind. Dabei werden in einem Lexikon aufgelistete Wörter als mögliche Passwörter der Reihe nach eingegeben. Im Internet kursieren Verzeichnisse der beliebtesten Benutzerkennwörter für alle möglichen Sprachen. Lexikonattacken machen sich den Umstand zunutze, dass viele Benutzer geschützter Bereiche oder Dienste leicht zu behaltende und deshalb einfache Passwörter verwenden.

Linkfarm, *die*

Als Linkfarm wird eine Ansammlung von Webseiten bezeichnet, die allein darauf abzielen, möglichst viele Verknüpfungen auf eine bestimmte Website zu legen. Dabei sind die einzelnen Seiten einer solchen Linkfarm einander meist sehr ähnlich oder gar völlig identisch. Die Erstellung solcher Linkfarmen dient der Manipulation von Suchmaschinenergebnissen. Die auf diese Weise häufig verlinkte Website soll auf einen vorderen Platz in der Trefferliste zu bestimmten Suchanfragen gebracht werden. Suchmaschinen wiederum versuchen, Linkfarmen ausfindig zu machen und diese Seiten aus der Relevanzbewertung auszuschließen. Im Extremfall können durch Linkfarmen adressierte Seiten ganz aus dem Suchraum der Suchmaschine entfernt werden.

Lokalisierungsdienst, *der*

Ein Lokalisierungsdienst ist ein Service für die Nutzer mobiler Geräte mit Internetanschluss. Über einen solchen Dienst können sich Nutzer gegenseitig ihren aktuellen Standort mitteilen. Der Aufenthaltsort wird über das mobile Endgerät oder online eingegeben und ist für die anderen auf einer Landkarte sichtbar. Eine mögliche Nutzungsform des Lokalisierungsdienstes besteht darin, fremde Personen mit ähnlichen Interessen in der unmittelbaren Umgebung zu finden. Bei der Planung einer Reise können beispielsweise andere Nutzer des Dienstes, die das Reiseziel kennen, nach Insidertipps gefragt werden. Alles hängt natürlich davon ab, ob sich der Dienst weit genug verbreitet, ob sich genügend Benutzer lokalisieren lassen und weitere persönliche Details bekannt geben. Der Erfolg solcher Dienste ist von der Existenz einer kritischen Masse von Benutzern abhängig.

Mediastreaming, *das*

Als Mediastreaming wird das kontinuierliche Übertragen digitaler Multimedia-Inhalte von einem Computer auf einen anderen bezeichnet, wobei der Zielcomputer die Multimedia-Daten abspielt. Während das Programm auf dem Zielrechner eine Videodatei abspielt, werden im Hintergrund noch Daten vom Quellrechner heruntergeladen. Dadurch ist etwa die verzögerungsfreie Darstellung eines Films möglich, sofern die Datenübertragung schnell genug ist und nicht gegenüber dem Abspielen in Verzug gerät.

Mikrozahlsystem, *das*

Im World Wide Web werden auch Produkte und Dienstleistungen angeboten, deren Preis sich in der Größenordnung weniger Cents bewegt. Für diese Summen lohnt es sich nicht, eine Überweisung per Kreditkarte durchzuführen. Wenn sich die Einzelposten aber häufen, dann kommt doch eine beachtenswerte Summe zusammen. Es lohnt sich also durchaus zu überlegen, wie man die Überweisung kleiner Beträge handhabt. Eine Lösung bieten die Mikrozahlsysteme: Der Kunde legt sich bei diesem Verfahren ein Konto mit einem größeren Betrag an, der von der Kreditkarte abgebucht wird. Von diesem Konto können kleinere Summen abgebucht und überwiesen werden, bis der Geldbetrag aufgebraucht ist. Für Transaktionen in Mikrozahlsystemen fallen im Verhältnis zur Transaktion mit der Kreditkarte nur sehr geringe Gebühren an. So lohnt sich das Geschäft für alle Beteiligten.

Mitmachnetz, *das*

Das World Wide Web war eigentlich schon immer ein Medium, in dem sich viele äußern konnten. Zu echten Gesprächen zwischen den Benutzern kam es anfänglich jedoch eher selten. Das klassische Modell setzt auf den Nutzer als passiven Konsumenten. Websites im Geiste des Mitmachnetzes bewegen Internetnutzer hingegen dazu, selbst hochwertige Inhalte zu produzieren, anstatt diese nur zu konsumieren. Ein Beispiel dafür sind die → Ratgebercommunitys.

Mond-Domain, *die*

Die internationale Agentur *ICANN* ist für die Vergabe sogenannter Top-Level-Domains zuständig. Die Buchstaben einer Webadresse nach dem letzten Punkt bezeichnen die Herkunft oder den Charakter eines Webangebots: Die Endung ».com« bezeichnet den kommerziellen Charakter eines Angebots, ».de« steht für Deutschland. Der Inselstaat Tuvalu bestreitet durch den Verkauf seiner Top-Level-Domain ».tv« an Fernsehanstalten ei-

Mond-Domain

nen Teil seines Staatshaushaltes. Nun soll auch der Mond eine Top-Level-Domain erhalten. Ein amerikanisches Unternehmen hat einen entsprechenden Antrag bei der ICANN gestellt. Egal, welche Angebote es in Zukunft unter der Mond-Domain geben wird, eines ist sicher – sie werden nur zu Mondpreisen zu haben sein.

Musikerkennungssystem, *das*

Ein von einer Fraunhofer-Arbeitsgruppe entwickeltes Musikerkennungssystem soll Lieder erkennen, die vom Benutzer vorgesummt werden. Der Erkennungsdienst liefert zusätzlich zum Titel weitere Informationen, etwa darüber, wo man das entsprechende Musikstück erwerben kann. Jedenfalls schafft dieses System, wenn es gut arbeitet, all denen Erleichterung, die verzweifelt nach dem Titel ihres Ohrwurms suchen.

Netzlabel, *das*

Netzlabels sind Organisationsformen für die Verbreitung von Musik im WWW. Sie haben sich als Alternative zu den großen Musikkonzernen etabliert. Durch ihre Spezialisierung auf exotische Musikrichtungen können sie Marktnischen besetzen, in denen ihnen die großen Konzerne keine Konkurrenz machen. Manche Netzlabels betreiben auch Talentsuche oder organisieren und pflegen eine eigene Community von Menschen, die ein bestimmter Musikgeschmack verbindet.

Netzwanderer

Netzwanderer, *der*

Der Netzwanderer ist das digitale Pendant zum Flaneur, den man als Typ aus der Literatur des 19. und frühen 20. Jahrhunderts kennt. Der Netzwanderer verschwendet seine Zeit, indem er sich im World Wide Web von Website zu Website bewegt, immer neuen Links folgend, und seine Beobachtungen und Entdeckungen einer mehr oder weniger interessierten Öffentlichkeit mitteilt. Der moderne Netzwanderer wird dies in einem Blog tun. Auch der Autor dieses Buches bekennt, in seiner Freizeit öfter durch das Netz zu wandern.

Newseum, *das*

Das Newseum ist eine Website, auf der die Titelseiten der wichtigsten Tageszeitungen täglich frisch präsentiert werden. So können fleißige Surfer nun selbst zu Trendforschern werden und den jeweiligen Medienhype entdecken (www.newseum.org/todaysfrontpages/flash).

Password-Harvesting, *das*

Das Password-Harvesting ist eine Methode, an große Mengen von Passwörtern zu gelangen, z.B. durch die Verbreitung von sogenannten Keyloggern; Programmen, die sich in einem Rechner einnisten und anschließend aufzeichnen, welche Tasten in welcher Reihenfolge betätigt werden. Anschließend kann man mit den Passwörtern illegale Geschäfte aller Art durchführen, im Namen von Personen, die davon gar nichts wissen.

Passwort-Harvesting

Podcatcher, *der*

Ein Podcatcher ist ein Programm, das in festgelegten Intervallen nach abonnierten Podcasts sucht und diese herunterlädt. Meist kann man mit ihm die Inhalte auch gleich abspielen.

Preisbot, *der*

→ Preissuchmaschine.

Preissuchmaschine, *die*

Preissuchmaschinen suchen auf Anfrage eines Kunden bestimmte Waren und listen entweder die Preise auf oder suchen vergleichend nach dem vermeintlich günstigsten Angebot. Manche Anbieter lassen sich diesen Recherchedienst bezahlen. Gerade bei den kostenlosen Diensten ist es keinesfalls sicher, dass wirklich das günstigste Angebot bzw. der niedrigste Preis angezeigt wird, denn manche Suchmaschinen arbeiten nicht unabhängig, sondern im Auftrag einiger Anbieter und ignorieren günstigere Angebote, wenn diese nicht von den Auftraggebern stammen. Es ist also Vorsicht angebracht, und eine eigene Recherche zusätzlich zum Preisbot ist zu empfehlen.

Preisvergleichsmaschine, *die*

→ Preissuchmaschine.

Rasterbator, *der*

Der Rasterbator ist ein Webservice, der hochgeladene Fotos oder Bilder in beliebiger Größe rastert. Durch diese Rasterung entstehen nicht nur riesengroße Bilder, die mehrere Hundert DIN-A4-Seiten umfassen können, sondern es entstehen auch überraschende Effekte, die man mit etwas Wohlwollen als Kunst bezeichnen kann. Skeptiker können sich in einer Galerie von gerasterten Fotos und Bildern auf der Rasterbator-Website (http://homokaasu.org/rasterbator/) davon überzeugen.

Ratgebercommunity, *die*

Einige Websites wie www.gutefrage.net oder www.wer-weiss-was.de versammeln Experten oder Möchtegern-Experten, die zu allen möglichen Themen ihr Wissen zur Verfügung stellen (→ Gratisexperte). Was ein Rat im Einzelfall wert ist, muss man als Ratsuchender letztlich aber selbst einschätzen.

Screenreader, *der*

Ein Screenreader ist ein Programm, das Sehbehinderten und Blinden eine alternative Benutzerschnittstelle zu den Funktionen des Computers bietet. Informationen, die gewöhnlich auf dem Bildschirm ausgegeben werden, werden mithilfe nicht visueller Ausgabegeräte dargestellt. Das kann entweder ein Ausgabegerät für gesprochene Sprache sein oder ein Gerät, das Text in Brailleschrift darstellt (→ Braillehandy).

Screensharing, *das*

Screensharing ist eine Möglichkeit, im Zusammenhang mit einem computervermittelten Gespräch den Inhalt eines Bildschirms zu teilen. Alle an dem Gespräch Beteiligten sehen auf ihrem Monitor den gleichen Inhalt. So kann die Person, der dieser Bildschirm »gehört«, an einem Dokument arbeiten, während alle anderen sich nicht nur daran beteiligen, sondern den Prozess auch überwachen können. Je komplizierter das Dokument oder der Arbeitsprozess ist, umso wichtiger wird diese Möglichkeit der Kontrolle, gerade dann, wenn man weit voneinander entfernt ist.

Sniper-Programm, *das*

Ein Sniper, auf Deutsch »Scharfschütze«, ist ein Computerprogramm, das bei Internetauktionen im Auftrag eines Bieters die Angebote beobachtet und im letzten Augenblick ein Gebot abgibt, das das aktuelle Höchstgebot überbietet. Dieses Verhalten hat für den Nutzer den Vorteil, dass Mitbieter keine Zeit mehr haben, ihr Gebot zu erhöhen. Der Erfolg eines Snipers ist natürlich davon abhängig, dass die Auktion ein festes zeitliches Ende hat. Interessant wird es immer dann, wenn auch andere Bieter einen Sniper verwendet. Dann heißt es: High Noon im Auktionshaus.

Sniper-Programm

Sonderzeichen-Domain, *die*

Sonderzeichen-Domains sind WWW-Adressen, die einen Umlaut oder ein diakritisches Zeichen enthalten. Damit man eine Domain, die Sonderzeichen enthält, aufrufen kann, ist eine aktuelle Version eines Webbrowsers notwendig. Gleiches gilt für auch für E-Mail-Adressen. Man muss also nach wie vor mit Problemen und eingeschränkter Erreichbarkeit rechnen, wenn man sich für einen Domainnamen wie www.mein-büro-in-mössingen.de entscheidet. Immerhin aber besteht für alle Müllers nun die Hoffnung auf eine Internetdomain unter ihrem zu hundert Prozent richtig geschriebenen Namen.

Spähwerbung, *die*

Es ist schon erstaunlich, wie viel Persönliches manche Benutzer sozialer Plattformen im Internet preisgeben. Diese Informationen sind eine Goldgrube für die Werbewirtschaft, der es doch darum geht, Hinweise auf Produkte möglichst passend an den Mann und an die Frau zu bringen. Wenn eine Plattform sich als virtuelle Tratschtante oder Petze erweist, die das erspähte Verhalten von Nutzern im großen Stil an Werbepartner weitergibt, dann löst dies Widerstand bei den Nutzern aus. Ein Anbieter, der solches getan hatte, musste mittlerweile klein beigeben. Die Nutzer können nun zumindest selbst festlegen, was weitererzählt werden darf und was nicht.

Spähwerbung

Spambot, *der*

Ein Spambot ist ein Programm, das sich auf einem fremden Rechner einnistet und ein auf diesem Rechner installiertes Mailprogramm dazu missbraucht, um massenhaft Spammails zu versenden.

Spamlyrik, *die*

Das Anliegen von Spammern ist es, unendlich viele virtuelle Postfächer mit fragwürdigen Angeboten zuzumüllen, in der Hoffung, dass wenigstens ein winzig kleiner Teil der Adressaten darauf eingeht bzw. hereinfällt. Weil aber kaum jemand mit Spams behelligt werden möchte, besteht die Taktik der Spamjäger darin, Filter zu entwickeln, mit denen Spammails von seriösen Mails unterschieden werden können. Daher streben die Spamverbreiter danach, ihre Spams zumindest auf den ersten Blick möglichst seriös wirken zu lassen. Zu diesem Zweck werden mittels zufällig gewählter Fragmente aus dem riesigen Textuniversum des World Wide Web solche Nachrichten simuliert. Diese Fragmente sind immer sinnfrei und in ihrer Sinnfreiheit gelegentlich von geradezu poetischer Ausstrahlung und durchaus mit Texten moderner Lyrik vergleichbar. Deshalb spricht man bei diesen Texten auch von Spamlyrik.

Spoofer, *der*

Spoofer geben sich, mutwillig und mit technischen Tricks, als Besitzer fremder IP-Adressen aus und können auf diese Weise Daten empfangen, die für den eigentlichen Inhaber der IP bestimmt sind. Dies ist eine illegale Attacke auf einen fremden Rechner. Man sollte also nicht nur einfach so zum Spaß spoofen. Sonst klopft bald die reale Polizei an die Tür.

Spyware, *die*

Als Spyware, auf Deutsch »Schnüffelprogramm«, werden Programme bezeichnet, die persönliche Daten von einem Rechner ohne Wissen des Besitzers bzw. ohne dessen Zustimmung an Dritte wei-

Spyware

terversenden, und zwar meist an die Entwickler dieser Programme. Durch den Missbrauch dieser Daten kann dem Betroffenen großer Schaden entstehen, z. B. wenn es sich um Kontodaten handelt. Man sollte deshalb den eigenen Rechner durch Programme sichern, die wiederum diese Art der unfreiwillig installierten Schadsoftware aufspüren. Besser noch ist es, für wirklich kritische Daten Stift und Papier zu verwenden.

Subnotebook, *das*

Ein Subnotebook ist ein besonders kleines und leichtes Notebook mit einem Bildschirm, der nicht größer als 13 Zoll ist, und einem Gewicht unter zwei Kilogramm. Das Subnotebook ist der Rechner für die Handtasche, ideal für die Businessfrau von heute. Die Ausstattung und Leistung entspricht meist der eines vollwertigen Notebooks, nur die Tastatur fällt kleiner aus – bestens geeignet also für die zarten Hände der Businessfrau.

Tippfehlergenerator, *der*

Manchmal kann man aus den Fehlern anderer Nutzen ziehen. So lohnt es sich, bei Internetauktionen nach Produkten zu suchen, deren Namen falsch geschrieben sind. Diese sind schwerer zu finden als vergleichbare Produkte mit richtig geschriebenem Namen. Sie ziehen die Aufmerksamkeit von weniger potenziellen Käufern auf sich und sind deshalb oft günstiger zu haben. Damit man weiß, mit welchen Fehlschreibungen man arbeiten sollte, kann man einen der im Netz verfügbaren Tippfehlergeneratoren benutzen. Diese erzeugen nach einem bestimmten System alle möglichen Fehlschreibungen eines Worts, indem z. B. jeweils eine Buhcstabenpaar verdreht oder ein Buhstabe im Wort ausgelassen wird. Die besten oder wahrscheinlichsten Verschreiber muss man sich dann selbst aus einer solchen Liste heraussuchen.

Trickbanner, *das*

Trickbanner sind Schaltflächen auf Webseiten, die den Benutzer zu unüberlegten Klicks verleiten sollen. Wird ein Trickbanner angeklickt, so wird der Browser des Benutzers auf eine Website geführt, die im günstigeren Fall eine Werbe- oder Verkaufsseite ist, im ungünstigeren Fall aber dem Rechner des Benutzers bzw. seinen Daten Schaden zufügen kann. Das Aufkommen der Trickbanner wird dadurch begünstigt, dass die Betreiber großer kommerzieller Websites einen wenn auch geringen Betrag an denjenigen bezahlen, von dessen Website der Benutzer kommt. Diese Praktik macht es für den Betreiber einer weniger bekannten Website wirtschaftlich interessant, User auch mit unlauteren Mitteln zum unüberlegten Klicken zu verleiten. Ein typisches Trickbanner könnte eine Warnung an den Benutzer enthalten, dass mit seinem Rechner etwas nicht in Ordnung sei, zusammen mit dem Versprechen auf genauere Informationen, wenn man nur mal kurz klickt. In den USA wird mittlerweile gegen die Trickbanner gerichtlich vorgegangen, vor allem weil sie den unbedarften Benutzer von seinen eigentlichen Aufgaben ablenken und somit einen nicht unerheblichen ökonomischen Schaden anrichten können.

Typosquatting, *das*

Typosquatting bezeichnet die Reservierung und Benutzung eines Domainnamens im Internet, der einer falschen Schreibweise (engl. *typo*) eines anderen, beliebten Domainnamens entspricht (z. B. *google / goggle, myspace / myspacd*). Netzbenutzer, die sich bei der Eingabe des Domainnamens vertippen, gelangen so auf eine Website, auf der sie mit meist fragwürdigen Angeboten konfrontiert werden oder sich unversehens einen Virus auf den eigenen Rechner laden.

Ultramercial, *das*

Das Ultramercial ist eine seitenfüllende Werbeanzeige in einem Webbrowser und zunächst einmal eine Zumutung für den Surfer. Diese Zumutung wird man aber notgedrungen ertragen, wenn der Weg zu einer kostenlosen, nützlichen Anwendung nur über eine solche Werbeanzeige führt. Die Zunahme der Ultramercials scheint jedenfalls darauf hinzudeuten, dass sich diese Form der Präsentation auch für die Werbetreibenden lohnt.

Vlog, *der*

Weblogs, kurz Blogs, haben sich vom Webtagebuch zu einer eigenen Textsorte gemausert. Geblieben ist der Charakter eines Tagebuchs mit regelmäßigen, kurzen Einträgen in nicht zu langen Abständen. Blogs können sich mit dem Dasein an sich, dem Leben der Bloggenden oder mit bestimmten Themen befassen. Wenn nicht Text, sondern das bewegte Bild das Medium der Botschaft ist, dann spricht man auch von Videoblogs oder kurz Vlogs.

Warblog, *der*

Ein im Internet veröffentlichter Blog kann eine Gegenöffentlichkeit zu der Aufbereitung eines bestimmten Themas durch die Medien schaffen. Er wird politisch relevant, wenn er von Autoren stammt, die sich gerade im Zentrum eines Krisenherdes oder gar eines Krieges befinden. Dies trifft auf Warblogs zu, in denen zeitnah aus Krisen- bzw. Kriegsgebieten berichtet wird. Warblogs verbinden im besten Fall die subjektive Darstellung der Lebenssituation mit einer politischen Analyse. Sie stehen damit in der Nachfolge des Feldpostbriefs und von Brechts »Mutter Courage«, genauer: Sie sind eine Mischung aus beidem.

Watchliste, *die*

Die Watchliste ist ein Webservice, mit dem Sie die aktuellen Kurse Ihrer Aktien verfolgen können. So erfahren Sie rechtzeitig, wenn das Aktienpaket und damit Ihr wohlverdientes Geld dahinschmilzt. Die Watchliste kann in diesem Fall eine Warnmeldung per Mail versenden. Dann wissen Sie, dass es Zeit wird, mit Ihrem Chef über eine Gehaltsaufbesserung zu verhandeln. Sie können den Alarm aber auch ausschalten und einfach auf bessere Zeiten warten.

Webclipping, *das*

Das Webclipping ist ein für Handheld-Geräte entwickelter Informationsdienst. Relevante Informationen werden im Web identifiziert und von dort auf das Handheld-Gerät geladen. Webclipping ermöglicht den einfachen, schnellen und sicheren Zugriff auf wertvolle Informationen. Grafiken und überflüssige Rahmentexte können auf

Wunsch von der Übertragung ausgeschlossen werden. Mit Webclipping ist man immer mobil, aber nie ahnungslos.

Webisode, *die*

Eine Webisode ist ein Geschichtchen (Episode) als Teil einer Serie, die zuallererst im World Wide Web verbreitet wird und später unter Umständen vom Fernsehen aufgegriffen wird. Diese Entwicklung zeigt, dass Fernsehen und Zeitungen allmählich ihre führende Rolle beim Ausspinnen und Verbreiten von wahren wie erfundenen Geschichten verlieren. Der momentan noch eher unbekannte Begriff der Webisode zeigt aber auch, dass eine originär über das Web verbreitete Geschichte eher noch die Ausnahme ist und deshalb einen eigenen Namen verdient.

Webpad, *das*

Das Webpad ist ein nur hemdtaschengroßes Gerät, mit dem man durchs Web surfen und Webseiten ansehen kann. Mit dem Webpad kann man das World Wide Web sozusagen in die Handtasche stecken.

Webportal, *das*

Ein Webportal sammelt und präsentiert dem Benutzer zu einem bestimmten Thema Informationen, die sich verstreut an vielen Stellen des World Wide Web befinden. Der Vorteil eines Portals gegenüber einer Suchmaschine liegt zunächst darin, dass nur die als relevant eingestuften Informationen präsentiert werden. Portale sind präziser und führen vor allem bei einer unspezifischen Suche schneller zum Ziel. Gute Portale wählen die präsentierten Informationen außerdem sorgfältig aus, bewerten oder kommentieren sie und stellen Bezüge her. Ein gutes Portal zieht viele Benutzer an und kann den redaktionellen Aufwand in der Regel durch Einnahmen aus der Werbung finanzieren. Manche Portale sind auch für den Benutzer kostenpflichtig.

Webwalker, *der*

Der Webwalker ist ein Pfadfinder im World Wide Web. Er führt eine ausschließlich virtuelle Existenz und weist diejenigen, die seine Dienste nutzen, auf interessante Webangebote hin. Er animiert seine Kunden außerdem zu bestimmten Handlungen wie dem Klicken auf Schaltflächen, um zu bestimmten Angeboten zu gelangen. Erfunden hat den Webwalker eine Kölner Medienagentur.

Wegwerfadresse, *die*

Da man bei einigen → Freemailern beliebig viele Adressen kostenlos beziehen kann, besteht die Möglichkeit, ein einmaliges Geschäft über eine solche Wegwerfadresse abzuwickeln. Dies ist sinnvoll, wenn man unverbindlich eine Auskunft einholen möchte, der Anbieter dieser Auskunft aber droht, auch in Zukunft Angebote zu schicken. Diese gelangen nun an die Mailadresse, die man nie wieder benutzt und die wahrscheinlich irgendwann vom Betreiber des Freemail-Service gelöscht wird.

Zeitschlitz, *der*

Ein Zeitschlitz ist ein Zeitabschnitt von fester Länge, innerhalb dessen eine Ressource, z. B. eine Datenleitung, benutzt werden kann, und der periodisch zur Verfügung steht. Die Vergabe von Zeitschlitzen ist wichtig bei Ressourcen, die von mehreren Anwendungen gleichzeitig benutzt werden. So kommt jeder mal dran.

Zoogeln, *das*

Das World Wide Web erleichtert nicht nur den Zugriff auf Informationen. Es kann uns auch zu vielen Formen mehr oder weniger unterhaltsamen, auf jeden Fall aber sinnfreien Zeitvertreibs anstiften. Zu diesen Beschäftigungen gehört das Zoogeln, das angeblich von der Spiegel-Online-Redaktion populär gemacht wurde. Das Spiel geht folgendermaßen: Rufen Sie eine Suchmaschine auf und klicken Sie in das Fenster für die Suchworteingabe. Schließen sie nun die

Zoogeln

Augen und tippen Sie ohne nachzudenken ein paar beliebige Buchstaben auf Ihrer Tastatur. Alternativ können Sie natürlich auch einfach einen Radiergummi auf das Keyboard werfen oder Ihre Katze über die Tastatur jagen. Das Ergebnis schicken Sie an die Suchmaschine, die Ihnen nun die passenden Webseiten auflistet. Vielleicht gewinnen Sie bei der Lektüre dieser Webseiten neue Einsichten. Auf jeden Fall aber können Sie dabei viel Zeit verschwenden.

Fernsehen und Kino

Die privaten Fernsehsender warten mit immer neuen Sendungsformaten auf, um das Publikum in den werbeträchtigen Zielgruppen bei Laune zu halten. Mit der Kreativität der Produzenten muss die Kreativität unserer Sprache Schritt halten. Wie dies gelingt, sehen Sie in diesem Kapitel.
Auch in der Fernsehtechnik hat sich in den letzten Jahren einiges getan: Fernsehgeräte werden immer flacher, aber die Bildschirme werden größer, und das Bild wird besser. Das Fernsehen als Medium ist allerdings gegenüber dem Internet, das sich besonders gut für die Bereitstellung von traditionellen Fernsehinhalten eignet, in die Defensive geraten.

Abnehm-Nanny, *die*

Abspecken ist angesagt, vor allem angesichts der stetigen Verfettung der Deutschen. So hat auch das Privatfernsehen das Thema für sich entdeckt. Hier dürfen sich Familien mit adipösen Kindern einer Abnehm-Nanny stellen, die das Essverhalten von Eltern und Kindern analysiert und dieses Verhalten zu korrigieren versucht. Ob die Kinder wirklich an Gewicht verlieren, ist unklar. Klar ist hingegen, dass die Fernsehsender dabei gewinnen – durch eingeschobene Werbeblöcke, in denen Schokoriegel und ähnliche Schlankmacher angepriesen werden.

Adoptionsshow, *die*

Der britische Sender BBC plant eine Adoptionsshow, bei der drei Prominente um eine Kindesadoption konkurrieren. Zwar sollen die Kandidaten im Laufe der Sendung ihre erzieherischen Fähigkeiten unter Beweis stellen. Das Unterfangen ist aber dennoch bedenklich, denn wie soll sich zwischen einem Adoptivkind und drei möglichen Adoptiveltern vor den Augen eines Millionenpublikums eine emotionale Bindung herausbilden, die doch zu einer gelungenen Adoption gehört?

Arbeitslosenshow, *die*

Gerade noch einmal verhindert werden konnte es, dass Erwerbslose sich beim Buhlen um eine Arbeitsstelle in aller (Fernseh-)Öffentlichkeit entwürdigenden Befragungen und Handlungen unterziehen. Natürlich wäre das alles freiwillig geschehen, aber man ahnt die Verzweiflung, die diese Freiwilligen treibt. Bei einer boomenden Wirtschaft, die viele der einstmals Erwerbslosen wieder in Lohn und Brot bringt, hat ein solches Unterhaltungsformat natürlich wenig Chancen und mit der Arbeitslosigkeit lässt sich nicht mehr so leicht Geld verdienen.

Bild-im-Bild-Technik, *die*

Ein Fernsehbild reicht heute nicht mehr aus, wenn man neben dem Interview mit dem Skispringer parallel dessen letzten spektakulären Sprung zeigen möchte, dazu noch eine gut bezahlte Werbung für einen Sportartikelhersteller. Da man den Konsumenten schlecht zur Anschaffung eines weiteren Fernsehers überreden kann, muss man mit dem arbeiten, was da ist. Zu diesem Zweck wurde die Bild-im-Bild-Technik entwickelt. Bilder können neben- und untereinandergesetzt werden oder sogar gleichzeitig im selben Rahmen ablaufen. Wenn man zu denen gehört, die sich keine supergroße Bildröhre leisten können, sieht man weder den Skispringer noch seinen Sprung richtig. Das ist halt der Preis dafür, dass man nicht mit der technischen Entwicklung Schritt hält.

Bild-im-Bild-Technik

Brandcasting, *das*

Brandcasting ist ein Begriff, der sich aus den englischen Wörtern *broadcasting* (Rundfunk) und *brand* (Marke) zusammensetzt und mit »Markenfunk« übersetzt werden könnte. Mit diesem Ausdruck wird die Vermischung von redaktionellem Inhalt und Werbung bezeichnet. Brandcasting kehrt die traditionelle Rollenverteilung von Fernsehsender und Werbekunde um: Die Inserenten produzieren Inhalte, in denen ihre Produkte gut platziert sind, und bieten diese Inhalte den Fernsehsendern an. Was im Internet bereits gang und gäbe ist, bleibt im deutschen Fernsehen nach wie vor verboten, weil es als unlauterer Wettbewerb gilt.

Castingkultur, *die*

Das Entdecken und Fördern von Stars war früher etwas, was im Verborgenen geschah. Der »fertige« Star trat vor das Publikum. Das Entdecktwerden war meist ein glücklicher Zufall. Dann aber entdeckten die privaten Fernsehsender, dass man dieses sensible Geschäft durchaus auch vor den Augen eines schadenfrohen Publikums zelebrieren kann. Das Spiel basiert auf dem Ehrgeiz derer, die wenigstens für zehn Minuten berühmt zu sein wollen – egal, wie erbärmlich diese Berühmtheit ist. Natürlich entdecken die Profijuroren der Castingshows auch das eine oder andere echte Talent, aber das könnte man eher als einen Kollateralnutzen dieser Inszenierungen bezeichnen.

Coaching-TV, *das*

Fernsehsender sind stets auf der Suche nach neuen Unterhaltungsformaten, mit denen sie viele Zuschauer anlocken können. Ein gemessen an den Einschaltquoten erfolgreiches Format ist das Coaching-TV. Experten in Lebensfragen der unterschiedlichsten Art greifen fernsehöffentlich Leuten mit bestimmten Problemen unter die Arme. Dabei kann es sich um Erziehungsfragen, Probleme mit dem Gewicht oder auch die Unzufriedenheit mit der Inneneinrichtung der eigenen Wohnung handeln. Wichtig ist, dass sich viele potenzielle Zuschauer mit diesen Probleme identifizieren können. Je allgemeiner das Problem, umso besser die Einschaltquote, und so werden wir vermutlich noch viele Sendeformate des Typs Coaching-TV zu sehen bekommen.

Dokufiction, *die*

Ein Fernsehformat, das mit der fließenden Grenze zwischen Dichtung und Wahrheit spielt, ist die Dokufiction. Es handelt sich um vorgeblich dokumentarische Berichte über Ereignisse, die so nicht stattgefunden haben, es aber hätten können. Das Format lebt von der Aura des Authentischen. Ein berühmtes Beispiel für Dokufiction, allerdings noch aus der Ära des Radios, ist Orson Welles' Hörspiel »Krieg der Welten«, dessen Übertragung unter den Zuhörern eine echte Panik auslöste.

Dramedy, *die*

Das Wort *Dramedy* ist eine Zusammenziehung aus den Wörtern *Drama* und *Comedy*. Die typische Dramedy ist eine Fernsehsendung, die eine ausgewogene Mischung aus Ernst und Humor aufweist. Oft behandeln Dramedys sozialkritische Themen und beschäftigen sich mit den Problemen gesellschaftlicher Randgruppen, aber eben nicht nur auf ernste Art.

Echtzeitkrimi, *der*

In der Literatur gibt es das schon länger – Erzähltexte, in denen Erzählzeit und erzählte Zeit etwa gleich lang sind. Liest man 24 Stunden, dann hat auch der Held genau einen Tag verbracht. Im Fernsehen sind Geschichten dieser Art neu, und man wird sehen, ob sich das Konzept auf dieses Medium übertragen lässt. Niemand wird den Helden sechs Stunden lang beim Schlafen beobachten – Helden brauchen ja nicht mehr als sechs Stunden Schlaf – oder ihm, wie wir das einst bei Prousts Icherzähler Marcel taten, beim Aufwachen zusehen wollen. Ein Echtzeitkrimi im Fernsehen hat nur Chancen, wenn wir an mehreren Orten sein können. Er ist nur als eine Reise durch den Tag in vielen Welten erträglich.

Egocasting, *das*

Technische Innovationen wie MP3-Player, digitale Videorekorder oder → On-Demand-TV ermöglichen es dem Einzelnen, seinen Medienkonsum zeitunabhängig und individuell zu gestalten. Dies ist ein weiterer Schritt auf dem Weg vom Massenkonsum des Radios oder Fernsehens der frühen Jahre mit einigen wenigen Sendern über ein reiches Programmangebot und eine Vielzahl von Spartensendern bis hin zum völlig individualisierten Medienkonsum. Die oben genannten Produkte befreien den Einzelnen von der Notwendigkeit, vorgegebene Inhalte zu einer vorgegebenen Zeit und/oder an einem vorgegebenen Ort – im Kino oder Wohnzimmer – zu konsumieren. Der Spieß wird damit umgedreht. Die Medienkonsumenten sind nicht mehr Sklaven des Angebots, sondern die Anbieter Sklaven der individuellen Nachfrage. Jeder Konsument hat die Möglichkeit, das Angebot durch seinen Konsum zu beeinflussen. Das Ego castet das Medium, nicht das Medium das Ego.

Einkaufskanal, *der*

Das, was wir bereits zur Genüge in zugigen Eingangsbereichen von Kaufhäusern erlebt haben, können wir nun genießen, ohne vom Sofa aufzustehen. Gut gelaunte mittelalte Menschen bieten uns den ultimativen Gemüsesparschäler mit eingebauter Beleuchtung an. Wir brauchen nur noch zum Hörer zu greifen und das per Einkaufskanal beworbene Produkt zu bestellen. Schon wenige Tage später können wir unsere Möhren im Dunkeln schälen.

Ekelshow, *die*

Eine Ekelshow ist ein Wettbewerb, in dem sich die Kandidaten vorgegebenen Aufgaben stellen müssen, die normalerweise ein starkes

Ekelgefühl auslösen. Der Weg zum Gewinn führt nur über diesen Ekel und seine Überwindung. Beim Zuschauer löst dies eher ein wohliges Schaudern aus und im günstigsten Fall ein wenig Mitleid mit den Mitmenschen, die sich vor der Kamera öffentlich erniedrigen.

Ekelshow

Expertenchat, *der*

Der Expertenchat ist durch das Fernsehen bekannt geworden. Er dient den Fernsehanstalten dazu, den Kontakt zu den Zuschauern zu verlängern und zu vertiefen. Zu diesem Zweck wechselt man in ein anderes Medium, das World Wide Web. Dort betreibt die Fernsehanstalt einen Chatraum. Der Zuschauer der Sendung kann nun aktiv teilnehmen, Fragen stellen, Unmut äußern usw. Ziel des Expertenchats ist weniger der Kontakt der Zuschauer untereinander als das Zwiegespräch zwischen Experten und Fragestellern, das alle anderen verfolgen.

Gustotainment, *das*

Eine Vielzahl von Kochshows füllt die Programme vor allem der privaten Fernsehsender. Der Boom dieses Fernsehformats lässt vermuten, dass es beim Publikum gut ankommt. Bisher gab es aber keinen treffenden Ausdruck für dieses Format. Nun hat ein Spiegelredakteur ein passendes Etikett dafür gefunden: Gustotainment. Wer beim Klang dieses Wortes nicht an verzückte Gesichter und abgeschleckte Holzkochlöffel denkt, der war wohl noch nie bei Kerner oder Biolek.

HDTV-Flachbildschirm, *der*

Auf dem Gebiet der Fernseh-Hardware hat sich in den letzten Jahren einiges getan. Der wichtigste und zugleich sperrigste Teil des Fernsehers war bisher die Bildröhre. Diese verschwinden nun allmählich aus unseren Wohnzimmern zugunsten der Flachbildschirme, die man auch wie große Bilder an die Wand hängen kann. Ein weiterer Vorteil der Flachbildschirme liegt in ihrer Bildqualität: Das Fernsehbild der Zukunft wird mehr Bildpunkte haben, also höher auflösend und damit schärfer sein als das bisherige. Dies nennt der Experte *High Definition TV*, kurz: *HDTV*. Die Bildschirmtechnik eilt allerdings der Bildübertragungstechnik voraus. Es gibt bisher kaum Sender oder Programme, die das Darstellungspotenzial der neuen Bildschirme ausnutzen. Die alte Glotze tut es also sicher noch für einige Zeit, und HDTV-Flachbildschirme sind noch eher etwas für das Prestige als für das Auge des Besitzers.

Irreality-TV, *das*

Eine niederländische Produktionsfirma hat mal wieder ein neues Format entwickelt: Sie will im Auftrag eines britischen Senders vier ausgewählte Kandidaten ins Weltall schicken. Der Clou daran ist, dass den Teilnehmern ein solcher Weltraumflug nur vorgegaukelt wird. Diese Irreality-Show soll den Namen *Space Cadets* tragen. Die Kandidaten durchlaufen vor Beginn des angeblichen Weltraumflugs ein russisches Kosmonautentraining. In Wirklichkeit befinden sich die »Astronauten« aber auf einem britischen Militärstützpunkt. Fragt sich nur, wie man die Kandidaten vollständig vor der Berichterstattung durch die Presse abschirmen will, die bei einer solchen Sendung garantiert nicht ausbliebe. Oder sind die Kandidaten Verbündete der Produktionsfirma und machen nur gute Miene zum bösen Spiel? Einfach irreal.

Klatschometer, *das*

Die Älteren unter Ihnen erinnern sich vielleicht noch an »Dalli Dalli« mit Hans Rosenthal. Ein Gerät maß dort, ob der Beifall eine bestimmte Intensität übertraf. Wenn die Sirene ertönte, dann war eine Leistung mal wieder »spitze«. Die Beifallsmessung ist mittlerweile zur Wissenschaft geworden und ein wichtiger Indikator für die Zufriedenheit des Publikums. Die Klatschometer von heute liefern deshalb viel differenziertere Daten als nur einen Schwellenwert.

Kuppelshow, *die*

»Bauer sucht Frau« heißt das erfolgreiche Format einer Kuppelshow, das ein privater Fernsehsender in unsere Wohnzimmer ausstrahlt. Sicher ist die Wahl einer für lebenslange Beziehungen wenig attraktiven Berufsgruppe Kalkül. Die Zielgruppe gilt als wenig wortgewandt und präsentabel, und so kann man jeden Vermittlungserfolg ausgiebig feiern. Es bleibt allerdings zu fragen, ob dies nicht auf Kosten des gesamten Berufsstandes geht, der sich mal wieder durch Exemplare vertreten sieht, die den gängigen Klischees besonders gut entsprechen. Man befriedigt die voyeurististische Lust eines großen Publikums und kann sich damit brüsten, etwas gegen die Versingelisierung der Gesellschaft zu tun. Und in der Werbung gibts die lila Pause.

Kuppelshow

Locationscout, *der*

Als Locationscout wird eine Person bezeichnet, die im Auftrag einer Filmproduktion oder eines Fotografen bestimmte Drehorte bzw. Motive ausfindig macht. In Amerika gibt es den Beruf schon recht lange, er wird gut bezahlt und ist angesehen. Auch in Deutschland werden Locationscouts immer häufiger bei den Produktionsfirmen eingesetzt. Gute Locationscouts betrachten Orte durch die Brille der Produzenten und der Produktion, zu der der Ort passen muss.

Migrantenfernsehen, *das*

Bürger mit Migrationshintergrund waren im deutschen Fernsehen bisher unterrepräsentiert. Die wenigen erzählten Geschichten beschränkten sich auf Themen wie geglückte oder missglückte Integration bestimmter Migrantengruppen. Was fehlte, waren Einblicke in den Alltag dieser Menschen. Seit sich die Politik mit der Rolle Deutschlands als Einwanderungsland arrangiert hat, scheint auch die Medienwelt die Multikulti-Karte zu spielen. Dabei hat man die Migranten nicht nur als Darsteller im Visier, sondern auch als Zuschauer-Zielgruppe, die dadurch besser für die Werbung erschlossen werden kann. Nebenbei kann durch das Migrantenfernsehen auch etwas für das Verständnis der Volksgruppen füreinander getan werden, wenn die Sendungen den Pfad eingefahrener Vorurteile verlassen.

On-Demand-TV, *das*

Immer mehr Fernsehsendungen werden, vor allem von den öffentlich-rechtlichen Rundfunkanstalten, im Internet angeboten. Sie können von den interessierten Zuschauern zu deren Wunschzeiten betrachtet werden und nicht mehr nur dann, wenn die Rundfunkanstalten dies vorschreiben. On-Demand-TV ist ein Mittel, die zentrale Berieselung eines großen Publikums zu festgelegten Zeiten zu überwinden. Der Zuschauer wird so zum Souverän über seine Zeit, zumindest in Hinsicht auf seinen Fernsehkonsum (→ Egocasting).

Quiztourismus, *der*

Für einen Tag berühmt sein, das ist der Wunsch vieler. Quizshows sind ein Weg zu diesem Ruhm und zu einem anständigen Gewinn obendrein. Für einige Quizteilnehmer haben Jauch und Konsorten aber offensichtlich Suchtpotenzial. Deshalb melden sie sich bei vielen Quizsendungen gleichzeitig an und schaffen es mit etwas Glück auf mehrere Stühle. Aber Vorsicht: Mehrmaliges Sitzen auf dem gleichen Stuhl ist verboten und wird als Betrug gewertet. Hier hat auch der Quiztourismus seine Grenzen.

Riechkino, *das*

Kino beschäftigt in erster Linie die Augen und die Ohren. In Bayern gibt es nun erstmals auch ein Riechkino. Das Kino befindet sich in einem umgebauten Reisebus und kann im Rahmen eines Modellversuchs von bayrischen Schulen bestellt werden. Die Räume des Kinos sind verdunkelt, Geräusche gaukeln verschiedene Landschaften vor, man kann verschiedene Pflanzen »erriechen«. Die Duftkomponente fehlt leider beim traditionellen Kino und wäre eine interessante Ergänzung des Seherlebnisses, wenn es gelänge, den Popcorn- und Frittengeruch zu übertünchen.

Tomatometer, *das*

Das Tomatometer befindet sich auf einer Website namens *Rotten Tomatoes*, auf der zu fast allen verfügbaren englischsprachigen Filmen Beschreibungen und Bewertungen angezeigt werden. Der Besucher kann selbst eine Bewertung abgeben. Die Durchschnittswertung wird durch das Tomatometer angezeigt. Man darf hier also gefahrlos mit faulen Tomaten werfen (→ Downvoting).

Unterschichtenfernsehen, *das*

Der Ausdruck *Unterschichtenfernsehen* ist eine polemische Bezeichnung für bestimmte Fernsehsender und deren Programm. Mit diesem Ausdruck wird nicht das Programm kritisiert, das sicher oft an moralische und ästhetische Untergrenzen geht, sondern vor allem das Fernsehverhalten einer bestimmten Gruppe. Man kann bezweifeln, ob es »die Unterschicht« als solche überhaupt gibt, und sicher ist die Lust am Trivialen auch in den sogenannten besseren Kreisen verbreitet. Hier drückt sich eher der Dünkel gegenüber gewissen Konsumgewohnheiten aus, möglicherweise derselbe Dünkel, auf den auch der Comic als Trivialkultur stieß, bevor man auch in den besseren Kreisen zugab, Asterix und Lucky Luke gelesen zu haben.

Videosnacking, *das*

Das Betrachten von Kurzvideos auf Youtube ist zum Volkssport geworden und hat natürlich auch seinen Weg in die Büros gefunden. Was gibt es Schöneres, als in der Mittagspause zusammen mit Kollegen einen neuen Videofund zu genießen? Genug davon gibt es ja. Außerdem enthebt einen diese *Videosnacking* genannte Form der Mittagspause irgendwelcher sinnvoller oder gar arbeitsbezogener Gespräche mit den Kollegen.

Werbeblock-Marker, *der*

Bei Spielfilmen, in die Werbeblöcke eingestreut sind, markieren Signale den Anfang und das Ende dieser Werbeblöcke. Moderne Videorekorder machen sich dies zunutze, um bei der Aufzeichnung solcher Filme die Blöcke zu überspringen.

Ernährung

Nahrungsmittel entstehen in der Natur. Pflanzen und Ernten, Züchten, Jagen, Schlachten und die Sorge um das eigene Überleben: All das gehört der Vergangenheit an. Zwischen den Produzenten unserer Nahrungsmittel und uns, den Konsumenten, steht heute die Nahrungsmittelindustrie. Diese lässt sich immer wieder neue Verfahren und Tricks einfallen, um unsere Nahrungsmittel mit allen möglichen Extras anzureichern. Das Zauberwort heißt Functional Food.
Nahrungsmittel sollen nicht nur sättigen, sondern möglichst auch gesund erhalten und schön machen. Dagegen hat sich eine Bewegung formiert, die zurück zu den ursprünglichen, möglichst reinen und unverfälschten Nahrungsmitteln zurückmöchte.
Der Überfluss an Lebensmitteln in unseren Breiten führt dazu, dass nicht mehr der Hunger das Problem ist, sondern die Verfettung. Diese ist auch eine Folge unausgewogener Ernährung, der man vor allem mit einem Bewusstsein für eine gesunde Ernährung und einer Reihe von Diäten entgegenzuwirken versucht.

Ampelkost, *die*

Essen nach Ampelfarben ist eine ungewöhnliche Methode, das Bewusstsein für die Wirkung von Nahrungsmitteln zu schärfen. Lebensmittel werden je nach ihrer angenommenen negativen Wirkung auf den menschlichen Stoffwechsel unterschieden in grüne Lebensmittel (unbedenklich), gelbe Lebensmittel (hier gilt es maßzuhalten) und rote Lebensmittel (nur ausnahmsweise zu verzehren). Natürlich muss sich der Konsument die jeweilige Farbe dazudenken, es sei denn, es handelt sich um grüne Äpfel, gelbe Kartoffeln oder rote Gummibärchen. Das Konzept der Ampelkost ist vor allem in der Ernährungserziehung in Schulen und Kindergärten beliebt, da es leicht zu vermitteln und zu verstehen ist.

Donald-Dick-Club, *der*

Der Donald-Dick-Club ist ein ambulantes Therapieprogramm für übergewichtige Kinder und Jugendliche. Ein wichtiges Ziel des Programms ist es, ein Bewusstsein für die Wirkung verschiedener Nahrungsmittel zu schaffen und die Ernährungsgewohnheiten der Kids zu verändern.

Ekelfleisch, *das*

In den letzten Jahren wurde ruchbar, dass Fleischgroßhändler ihre überlagerte und teilweise bereits ungenießbare Ware auf ein späteres Verfallsdatum umetikettiert und dennoch in den Handel gebracht haben. Der Anblick des rohen, bereits verfärbten Fleisches ruft tatsächlich ein Gefühl des Ekels hervor. Die Frage ist, ob dieser natürliche Reflex auch dann noch hervorgerufen wird, wenn das Fleisch verarbeitet wurde.

Essensverwahrlosung, *die*

Essen war immer mehr als reine Nahrungsaufnahme zum Zwecke der Selbsterhaltung. Essen kann ein Ritual sein, zumindest aber eine Handlung, die das Gemeinschaftsgefühl z. B. innerhalb einer Fami-

Donald-Dick-Club

lie stärkt. In der heutigen Gesellschaft gelingt es immer weniger Familien, die Zeitpläne ihrer Mitglieder so aufeinander abzustimmen, dass Zeit für ein gemeinsames Mahl bleibt. Die Nahrung landet im Kühlschrank und wird von jedem Mitglied einzeln in der Mikrowelle aufgewärmt. Das Essen als Kulturgut wird entwertet. Kritiker bezeichnen dies – wahrscheinlich zu Recht – als Essensverwahrlosung.

Ethnotee, *der*

Die Teeklassiker wie Assam, Darjeeling und Earl Grey haben Konkurrenz bekommen. Das Teeangebot wird vielfältiger, und die Palette wird durch sogenannte Ethnotees aus allen möglichen Regionen und Kulturen der Welt ergänzt, z. B. aus Südamerika. Nicht nur die Geschmackspalette wird reicher, auch die Wirkstoffe in den Ethnotees sind anders als in den schwarzen Tees.

Fettfalle, *die*

Forscher haben entdeckt, dass Glutaminsäure die Appetitregulierung im Gehirn durcheinanderbringen kann. Glutaminsäure und chemisch verwandte Stoffe befinden sich als Geschmacksverstärker in vielen Lebensmitteln, die einen zu geringen Eigengeschmack haben. Ein Übermaß solcher Geschmacksverstärker kann dazu führen, dass diese Stoffe nicht mehr abgebaut werden können. Sie gelangen über den Blutkreislauf in die Gehirnregion und können dort nachhaltig unser Hunger- bzw. Sättigungsgefühl stören. Dies kann zu einem erhöhten Konsum von Nahrungsmitteln führen: Der Konsument sitzt in der Fettfalle und wird immer dicker.

Fressflash, *der*

Unter einem Fressflash versteht man ein unkontrolliertes Verlangen nach Essen. Das Wort ist die neudeutsche Bezeichnung dessen, was man früher Heißhungerattacke nannte. Wer kennt so etwas nicht?

Frischetheke, *die*

Wenn bestimmte Selbstverständlichkeiten auf einmal in Zweifel gezogen werden, dann muss der Zweifel durch einen neuen, unbelasteten Namen ausgeräumt werden. So geschah es mit der Frischetheke im Supermarkt: Bisher galt als selbstverständlich, dass die an Fleisch- oder Käsetheken angebotene Ware tatsächlich frisch war. Gammelfleisch und kreative Umetikettierungsaktionen des Personals hinter diesen Theken haben ihren guten Ruf in Mitleidenschaft gezogen. Nun wird durch die Erhebung der ordinären Theke zur Frischetheke signalisiert: Hier geht es wirklich frisch zu. Wir wollen ja gerne glauben, dass es sich dabei nicht um einen Etikettenschwindel handelt. Viel anderes bleibt uns auch gar nicht übrig.

Fressflash

Induktionswok, *der*

Haben Sie sich auch schon mal darüber geärgert, dass Ihr Wok unten rund ist, die Kochfläche Ihres Hightechherdes aber flach? Damit zusammenkommt, was zusammengehört, nämlich Ihr Gargut und die Hitze Ihres Herdes, gibt es nun den Induktionswok. Dieser ist eigentlich nur ein Ring mit vier Gummikugeln, mit dessen Hilfe der Wok über der Kochfläche schwebt. Das Gargut bleibt auf diese Weise schön knackig, genau so, wie es Ihnen und mir am besten schmeckt.

Molekulargastronomie, *die*

Die Molekulargastronomie nutzt physikalisch-chemische Mikroprozesse bei der Produktion und auch beim Verzehr von Speisen. Ausgangspunkt ist die naturwissenschaftliche Betrachtung von Kochvorgängen, aus der sich ein neuartiger Kochstil entwickelt hat. Die Molekularküche verwendet Erkenntnisse aus der Chemie sowie Techniken der Lebensmittelindustrie, um Gerichte mit völlig neuartigen Eigenschaften zu kreieren. Durch überraschende Kombinationen von Aromen, süße und salzige Geschmacksnoten, unterschiedliche Temperaturen und Texturen soll der Verzehr einer Speise zu einer Schule der Wahrnehmung werden. Die Molekularküche befindet sich momentan im Übergangsstadium vom reinen Experiment zum Kochstil, der bereits teilweise in der Gastronomie praktiziert wird.

Nutrigenomik, *die*

Bei der Nutrigenomik handelt es sich um ein neuartiges Forschungsgebiet, bei dem Erkenntnisse der Genomforschung, Pflanzenzüchtung, Gentechnik und Medizin angewandt werden, um funktionale Lebensmittel zu kreieren. Funktionale Lebensmittel weisen neben ihrem Wert für den Stoffwechsel des Menschen weitere nützliche Eigenschaften auf, z. B. schützen sie den Körper vor bestimmten Krankheiten. Manchmal werden auch Stoffe entwickelt, die traditionellen Nahrungsmitteln zugesetzt werden. Der Zusatznutzen hat sich jedenfalls als gutes Verkaufsargument im Supermarkt erwiesen.

Risikofleisch, *das*

Immer öfter stellt das Fleisch, vor allem von Rindern, eher einen Anschlag auf die Gesundheit des Essers dar denn einen Genuss. Die Gefahr ist so verbreitet, dass man für dieses Ernährungsgefahrgut den Ausdruck *Risikofleisch* geprägt hat. Essen ist heute mehr denn je ein Risiko. Was heute als Risikofleisch aus den Kühlregalen verschwindet, könnte schon morgen als Gammelfleisch auf unseren Tellern wieder auftauchen. Mahlzeit!

Risikofleisch

Sauerstoffdrink, *der*

Sauerstoff kann jetzt nicht nur über die Lunge aufgenommen werden, sondern auch beim Trinken. Dafür sorgen → Wellnessdrinks, die mit einer Extraportion Sauerstoff angereichert sind. Vielleicht hilfts ja gegen das permanente Gähnen oder das frühnachmittägliche Suppenkoma.

Supersizing, *das*

Die Vergrößerung von Essensportionen vor allem bei den Fast-Food-Ketten ist ein Trend, der auch in Europa zu beobachten ist. Die supergroße Portion wird nur moderat teurer, da der Preis für die Rohstoffe im Verhältnis zur Zubereitung und Anpreisung der Waren gering ist. Andererseits weckt die größere Portion ein archaisches Verlangen in uns – ein Überrest aus der Zeit, als Nahrungsmittel noch knapp waren. Das Supersizing führt deshalb notwendigerweise zu übermäßigem Konsum und daraus folgender Verfettung und geht letztlich auf Kosten der ganzen Gesellschaft. Diese muss für die gesundheitlichen Folgen des Verzehrs solcher Riesenportionen aufkommen.

Wellnessdrink, *der*

Der Wellnesstrend macht auch vor Getränken nicht halt. Große Nahrungsmittelkonzerne bieten Mischgetränke an, denen gesundheitsfördernde Substanzen wie zum Beispiel Johanniskraut, Ginkgo oder grüner Tee beigemischt sind. Die gesundheitsfördernde Wirkung dieser Mischgetränke, die zu einem deutlich höheren Preis als etwa einfaches Mineralwasser angeboten werden, ist allerdings nicht wissenschaftlich erwiesen. Vielleicht haben diese Getränke aber eine Placebowirkung – man fühlt sich besser, weil man im Büro ein Wellnessgetränk konsumiert hat. Immerhin ist es begrüßenswert, dass diese Drinks nicht apothekenpflichtig sind.

Bildung

Unser Bildungssystem befindet sich im Umbruch. Es soll die Kinder in kürzerer Zeit als bisher durch die verschiedenen Ausbildungsstationen lotsen. Kindergarten und Grundschule sollen zu Lernlaboren werden. Die neunjährige weiterbildende Schule, deren Absolvierung zum Besuch der Hochschule berechtigte, soll auf acht Jahre verkürzt werden und zum Turboabitur führen. Die traditionellen Hochschulabschlüsse Magister und Diplom werden nach und nach durch den Bachelor und den Master abgelöst. Dabei soll das neue, umgekrempelte Bildungssystem die Defizite beseitigen, die durch die PISA-Studien zu Tage traten. Die Ausbildung unserer Kinder soll besser und gerechter werden. Diese Reformmaßnahmen sind Teil eines Bildungsprogramms, das uns noch einige Jahre begleiten und seine Spuren auch in der Sprache hinterlassen wird.

Action-Learning, *das*

Action-Learning ist ein Teil von Lernprozessen in Unternehmen und Organisationen. In einem Action-Learning-Programm arbeitet ein Team an einem konkreten Projekt und reflektiert gleichzeitig den Lernprozess. Dahinter steht die Überzeugung, dass man am besten anhand einer konkreten Herausforderung lernt. Man versucht, die individuelle Weiterentwicklung der Mitarbeiter mit einem Nutzen für die Organisation zu verbinden. Dieser Nutzen besteht zum einen in einer erhöhten Motivation der Mitarbeiter, deren Meinung ernst genommen wird, zum anderen im spielerischen Erarbeiten von Problemlösungen, die später auf reale Probleme der Organisation übertragen werden können, wenn sie sich bewährt haben.

Bildanalphabetismus, *der*

Zum geistigen Rüstzeug des gebildeten und mündigen Menschen gehört die Fähigkeit, aus einer Grafik oder einem Bild die Informationen zu erschließen, die damit vermittelt werden sollen. Man sollte

Bildanalphabetismus

zudem zwischen den Bildpunkten lesen können. Diese Fähigkeiten scheinen schleichend verloren zu gehen (→ Wissenserosion). Dem Bildanalphabetismus gilt es frühzeitig und mit geeigneten Mitteln vorzubeugen, etwa mit anspruchsvollen Bilderbüchern im Kindergarten (→ Kindergartencurriculum).

Cyberuni, *die*

Cyberunis sind Hochschulen, die ihren Ausbildungsbetrieb ganz oder überwiegend im Web bzw. im Cyberspace organisieren. Den Studierenden stehen Lehrmaterialien zum Download und Foren für die Diskussion zur Verfügung. Der Unterricht findet in virtuellen Klassenzimmern statt. Problematisch ist nach wie vor der Nachweis der persönlichen Anwesenheit etwa bei Prüfungen. Auch die soziale Komponente beim Lernen könnte zu kurz kommen. Cyberunis sind jedoch ideal für Lernwillige, die es sich nicht leisten können, regelmäßig zu einer bestimmten Zeit an einem bestimmten Ort zu sein.

Deppenapostroph, *der*

Sprachsensible Menschen kommen immer noch nicht darüber hinweg, dass der Gebrauch des Apostrophs von den Hütern der Rechtschreibung wieder freigegeben wurde. Tatsächlich wurde der Genitivapostroph – *Peter's Kneipe* – schon im 19. Jahrhundert gerne verwendet, bevor er von den Sprachhütern verboten wurde. Viele legen die Erlaubnis, den Apostroph zu verwenden, allerdings etwas zu großzügig aus und verwenden ihn auch dort, wo er nun wirklich nicht hingehört – *Bier heute nur 3 Euro's*. Peter sollte sich nicht wundern, wenn dieser Deppenapostroph seinem Umsatz schadet. Wenn schon die Sprache nicht stimmt, wie wird dann erst das Bier sein?

Di-Mi-Do-Professor, *der*

Als Di-Mi-Do-Professoren werden Hochschullehrer bezeichnet, die in der Regel nur von Dienstag bis Donnerstag an der Hochschule anwesend sind und dadurch jedes Wochenende zu einem langen machen. Dies muss nicht verwerflich sein – vielleicht lässt es sich ja vom heimischen Büro aus besser forschen oder publizieren. Viele Universitätsgebäude sind in ihrer Sterilität durchaus auch wenig inspirierend. Trotzdem sollten sich Hochschullehrer dieses Typs nicht wundern, wenn Studenten oder gar der Rest der Bevölkerung Rechenschaft über ihre Beschäftigung am Montag und Freitag verlangen.

E-Kreide, *die*

Die E-Kreide ist ein Hilfsmittel für Lehrer und Dozenten, die ihre Vorlesungen oder Unterrichtsstunden auch über das Internet verbreiten wollen. Zur E-Kreide gehört natürlich auch eine E-Tafel. Diese ist ein berührungsempfindlicher Plasmabildschirm, der an einen Computer angeschlossen ist. Mit einem speziellen Stift schreibt der Dozent auf den Bildschirm und bringt so die berührten Tafelpunkte zum Leuchten. Der Dozent steht wie beim traditionellen Unterricht vor der Klasse oder dem Seminar und trägt unter Zuhilfenahme von Tafel und Stift den Lernstoff vor. Kranke Schüler und Studierende können von ihrem heimischen PC aus auf die Webseite des Kurses surfen und live bei der Veranstaltung dabei sein. Am Rechner sehen sie das Tafelbild, hören die Stimme des Dozenten und können per Videokamera außerdem den Hörsaal sehen. Die Vorlesungen können gespeichert werden und stehen dann auch Nachzüglern zur Verfügung. Studenten können, z. B. während der Vorbereitung auf eine Prüfung, in Aufnahmen von alten Unterrichtsstunden nachschlagen und Wissenslücken schließen.

Exzellenzcluster, *der*

Ein Exzellenzcluster ist ein Zusammenschluss mehrerer ähnlicher Studiengänge oder Graduiertenprogramme an verschiedenen Universitäten. Die Exzellenzcluster werden finanziell besonders gefördert und ermöglich so den teilnehmenden Studierenden eine Ausbildung unter besten Bedingungen und bei international renommierten Experten des Fachs. So weit die Idee, deren Erfolg sich in den nächsten Jahren noch erweisen muss.

Hochschulmaut, *die*

Die Studiengebühren, unter Studenten auch Hochschulmaut genannt, sind weiter umstritten. Nachdem sie nun fast bundesweit eingeführt sind, konzentriert sich die Auseinandersetzung darauf, wofür die Maut verwendet werden darf. Ursprünglich war geplant,

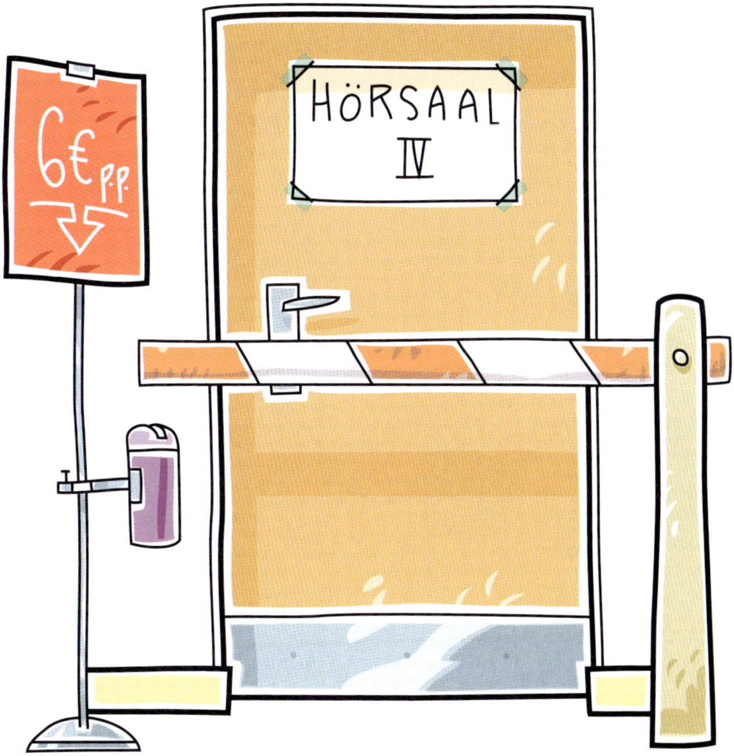

Hochschulmaut

dieses Geld voll und ganz in die Verbesserung der Ausbildungsbedingungen zu stecken. Mittlerweile werden mit diesen Mitteln aber auch Reparaturen an Gebäuden und Heizungen bestritten, was sicherlich nur mittelbar etwas mit der Verbesserung der Studienqualität zu tun hat.

Just-in-time-Bildung, *die*

Just-in-time-Bildung ist ein flexibles Lernkonzept, das als Alternative zum reinen Vorratslernen zu sehen ist. Der Lernende eignet sich ein bestimmtes Wissen oder bestimmte Fähigkeiten erst dann an, wenn er sie für sein Handeln benötigt oder einsetzen kann. Ein Beispiel hierfür ist der Erwerb einer Sprache in Intensivkursen, kurz bevor man das entsprechende Land besucht. Der Vorteil der Just-in-time-Bildung liegt darin, dass das erworbene Wissen nicht brachliegt, sondern durch die sofortige Verwendung gefestigt wird. Der Nachteil liegt in der hohen Einsatzbereitschaft, die diese Form der

Just-in-time-Bildung

Bildung beim Lernenden erfordert, da der Lernstoff zusätzlich zum normalen Tagesablauf wie einem Achtstundenjob bewältigt werden muss.

Kannkind, *das*

Ein Kannkind ist ein Kind, das – zumindest in Baden-Württemberg – in den neun Monaten nach Beginn eines Schuljahres geboren wurde und deshalb bereits vor dem sechsten Geburtstag in die Schule aufgenommen werden kann, aber nicht muss. Der Schuleintritt mit fünf Jahren liegt in einer Gesellschaft, die frühe Bildung zu schätzen beginnt, mehr und mehr im Trend. Auch die pädagogische Qualität vieler Kindergärten animiert eher zur frühen Flucht in die Schule. Diese kostet aber unseren Nachwuchs einen Teil der Kindheit bzw. Jugend, denn mit dem Ende der Kindergartenzeit fängt bekanntlich der Ernst des Lebens an.

Kindergartencurriculum, *das*

In den Umbau unseres Bildungssystems infolge der wenig schmeichelhaften Ergebnisse der PISA-Tests werden auch die Kindergärten einbezogen. Sie sollen sich von Spiel- und Kuschelstätten zu Lernlaboren entwickeln, in denen unsere Kleinen auch intellektuell gefordert und gefördert werden. Ein Element ist die Ausarbeitung eines Kindergartencurriculums, in dem möglichst umfassend die Lernziele auf sozialer und mentaler Ebene festgelegt sind – für die immerhin circa 4 000 Stunden, die ein Kind durchschnittlich im Kindergarten verbringt.

Laptopuniversität, *die*

Das herausragende Merkmal der Laptopuniversität ist die Ausstattung jedes Studenten mit einem Laptop, der entweder vom Staat oder von der Industrie finanziert wird. Vor allem Studierende technischer Universitäten kamen bisher in den Genuss dieser milden Gabe, obwohl nicht einzusehen ist, warum Studierende geisteswissenschaftlicher Fächer nicht ebenso dringend eines Laptops bedürfen sollten. Wahrscheinlich werden Universitäten sich auch in Zukunft eher über ihr Fächerprofil oder über ihre Lehrtechnologie (→ Cyberuni) definieren als über ein kurzlebiges technisches Gerät.

Lehrerrating, *das*

Die Bewertung von Lehrern durch Schüler war bislang eine lokal äußerst begrenzte Angelegenheit und beschränkte sich meist auf ein oder zwei gegenüber Mitschülern geäußerte Kraftwörter. Webplattformen wie www.spickmich.de geben nun mitteilungsbedürftigeren Schülern ein weithin sichtbares Forum, was nicht überall auf Begeisterung stößt, besonders nicht bei den bewerteten Lehrern. Einige haben bereits vergeblich versucht, sich gegen Einträge ins Web-Klassenbuch zu wehren. Auf der anderen Seite hat, so hört man, die Publizität der eigenen Meinung bei den Bewertern zu einer nun wesentlich ausgefeilteren und differenzierten Prosa geführt, und unsere Lehrer schneiden im Durchschnitt durchaus gar nicht so schlecht ab. Darüber hinaus werden schwer zu rechtfertigende Bewertungskriterien wie »sexy« von den Administratoren des Bewertungsportals überhaupt nicht zugelassen.

Lernadventure, *das*

In einem Lernadventure wird Wissen durch das Format des Computerspiels vermittelt. So können geschichtliche Fakten und Zusammenhänge gut über ein historisches Abenteuerspiel erschlossen werden. Das Lernadventure kommt den Lerngewohnheiten der Kinder entgegen, die heute mit Computerspielen groß werden. Wenn schon spielen, dann doch wenigstens etwas Nützliches.

M-Learning, *das*

Die Durchdringung der Gesellschaft mit mobilen Endgeräten ist weit fortgeschritten. Auf jeden Bundesbürger kommt mittlerweile mehr als ein Mobiltelefon. Handy, Handheld und Notebook gewinnen daher auch als Bildungsmedien an Bedeutung. Man spricht in Anlehnung an E-Learning von M-Learning, wenn diese Geräte im Lernprozess zum Einsatz kommen. Die Grenzen zwischen dem Lernen im Beruf und dem Lernen als Freizeitbeschäftigung werden durch die Mobilität und vielseitige Verwendbarkeit des Lerngeräts – mit einem Lehrbuch konnte man nicht telefonieren – mehr und mehr verwischt. Die Herausforderung beim M-Learning besteht darin, Inhalte zu entwickeln, die in relativ kurzer Zeit und an vielen Orten nutzbringend konsumiert werden können. M-Learning kann natürlich auch mit anderen, traditionellen Formen des Lernens kombiniert werden.

Turboabitur, *das*

Der zum Hochschulstudium berechtigende Schulabschluss kann in einigen Bundesländern mittlerweile nach zwölf Jahren Schule erworben werden. Mittelfristig wird der Turbo zum Normalabschluss. Ob das Niveau dieses Abschlusses bei einer verkürzten Dauer gehalten werden kann, muss sich erst noch zeigen. Auch muss sich erweisen, ob die gewonnene Zeit die Verkürzung der Jugend wert ist.

Webinar, *das*

Ein Webinar ist ein Lehrangebot, meistens von einer Hochschule, das in einem virtuellen Seminarraum im Web durchgeführt wird. Noch ist fast immer der Lehrer oder Tutor ein echter Mensch, man arbeitet aber daran, auch diesen zu virtualisieren.

Wissenserosion, *die*

Pädagogen beklagen die Wissenserosion in einigen elementaren Wissensgebieten, z. B. der Natur und Umwelt. In dem Maße, wie wir uns von unseren Lebensgrundlagen entfernen und uns Tiere nur noch in Form von Schnitzeln aus der Tiefkühltruhe begegnen, geht einer Generation das Wissen über ökologische Zusammenhänge und über Ökotope wie den Wald verloren. Dies ist ein schleichender Prozess, weshalb dieser Verlust auch erst bemerkt wird, wenn es bereits zu spät ist, um gegenzusteuern. Die von einer Erosion gefährdeten Bereiche gehören deshalb unbedingt in ein modernes → Kindergartencurriculum.

Auto und Verkehr

Die Autoindustrie ist nach wie vor der Motor der Entwicklung im Verkehrsbereich. Bahn, Schiff und Flugzeug haben dagegen in den letzten Jahren sehr viel weniger technische Neuerungen durchlaufen. Was die wirtschaftliche Seite anbelangt, so ist im Flugsektor allerdings ein Trend zum Billigflug zu verzeichnen gewesen, mit Auswirkungen auch auf die Infrastruktur.

Doch zurück zum Auto. Das Hauptaugenmerk der Autobauer liegt auf Sicherheit und Komfort, wofür technische Innovationen in der Autosteuerung sorgen. Zugleich soll das Autofahren weniger Umweltschäden verursachen; auch hieran arbeiten die Ingenieure. Dabei soll jedes Auto im Aussehen und Klang möglichst unverwechselbar sein und das Image einer Marke prägen – eine weitere Herausforderung für unsere Technikschmieden.

Dass das Autofahren immer auch zulasten der Infrastruktur geht, das hat vor allem die Einführung der Maut deutlich gemacht. Hiermit soll ein Teil der Lasten, die der Schwerverkehr der Gesellschaft aufbürdet, an die Verursacher zurückgegeben werden.

Blitzeratlas, *der*

Der Blitzeratlas ist eine Landkarte, auf der die fest installierten Geräte zur Geschwindigkeitsmessung, die sogenannten Blitzer, verzeichnet sind. Blitzeratlasse werden von Mobilfunkprovidern als Serviceleistung angeboten. Schön für alle, die gerne sorg-(und hirn-) los durch die Landschaft brausen.

Busbegleiter, *der*

Busbegleiter sind besonders ausgebildete Schüler, die Schulbusse begleiten und in diesen für Ruhe und Ordnung sorgen. Sie werden von der Verkehrspolizei auf ihre Aufgaben vorbereitet.

Busbegleiter

Dirtbike, *das*

Ein Dirtbike ist ein besonders stabiles Mountainbike mit einem sehr kleinen Rahmen. Das Fahrzeug besteht entweder aus Stahl oder aus Aluminium. Dirtbikes werden beim Radsport zum Springen über Hindernisse verwendet.

Facelift, *der*

Kosmetische Operationen werden nicht nur an Menschen durchgeführt. Auch Automobile müssen attraktiv bleiben. Während die kosmetische Operation aber beim einzelnen Menschen durchgeführt wird, handelt es sich beim Facelift eines Automobilherstellers um eine Modellpflege. Kleine optische Details wie z. B. die Form der Scheinwerfer werden verändert. Denn auch beim Kennenlernen zwischen Mensch und Auto entscheidet oft der erste Eindruck.

Fahrzeugakustiker, *der*

Ein Auto soll, wenn es fährt, nicht klingen wie irgendein Auto. Es soll schnell klingen oder sportlich oder bequem, vielleicht auch bedrohlich. Tatsächlich assoziieren Menschen bestimmte Geräusche mit solchen Merkmalen eines Autos. Fahrzeugakustiker tunen die Geräusche, die fahrende Autos nun einmal erzeugen, sodass der gewünschte, mit dem Image des Autos übereinstimmende Eindruck entsteht. Mit etwas Geschick können Sie also Ihr Auto zumindest klingen lassen wie einen Ferrari, wenn Sie sich schon keinen leisten können.

Fahrzeugakustiker

Feinstaubrechner, *der*

Ist ihr Auto eine Feinstaubschleuder oder ist es ein Vorbild an Sauberkeit? Ein Webservice, der die Feinstaubemission von Fahrzeugen aller Art berechnet, kann Antwort auf diese Frage geben. Den Feinstaubrechner finden Sie unter: www.kues.de/service/feinstaub/default.asp.

Flexi-Fuel-Auto, *das*

Ein Flexi-Fuel-Auto ist ein Fahrzeug, das Benzin oder Bioethanol pur sowie in jeder beliebigen Mischung verträgt. Diese Fahrzeuge sind vor allem in Schweden verbreitet. Der Vorteil dieser Fahrzeuge liegt darin, dass man – wo dies möglich bzw. preisgünstig ist – umweltfreundlich tanken und fahren und ansonsten auf herkömmlichen Kraftstoff zurückgreifen kann.

Griptest, *der*

Mit dem Griptest wird die Qualität des Reifengriffs auf Asphalt oder anderen Straßenbelägen getestet. Empfehlenswert ist dieser Test vor allem bei schnellen und sportlichen Autos.

Homejacking, *das*

Je besser unsere Autos gegen Diebstahl gesichert sind, umso raffinierter müssen professionelle Autodiebe werden, um an ihr Ziel zu gelangen. Beim Homejacking handelt es sich um eine solche raffinierte, wenn auch ziemlich aufwendige Methode. Der oder die Täter brechen in das Haus des Autobesitzers ein, wo sie zunächst die Autoschlüssel und dann das Fahrzeug selbst entwenden. Wer sich nicht in Gefahr begibt, dem stattet sie einen Hausbesuch ab. Natürlich lohnt sich dieser Aufwand für die Täter nur bei Luxuskarossen, und Besitzer alter Rostlauben werden eher selten zum Opfer von Homejacking.

Imagebeschleuniger, *der*

In der Autoindustrie wird ein für eine Automarke ungewöhnlich schnelles oder sportliches Auto als *Imagebeschleuniger* bezeichnet. Ein solches Auto wird auch deshalb auf den Markt gebracht, damit das biedere oder behäbige Image der produzierenden Firma zum Schnellen und Sportlichen hin korrigiert wird. Denn noch sind »schnell« und »sportlich« Attribute, die die Augen vieler potenzieller Käufer zum Leuchten bringen.

Kanaldeckeltest, *der*

Der Kanaldeckeltest gehört zum Testprogramm für neue Autos. Es wird die Situation eines über viele Kanaldeckel fahrenden Autos simuliert. Kanaldeckel, die meist Vertiefungen im Straßenprofil darstellen, verpassen dem Auto kurze, harte Stöße, die im Idealfall gut abgefedert werden und das Auto nicht aus der Spur bringen.

Keyless-Entry-System, *das*

Mit einem Keyless-Entry-System kann ein Fahrzeug ohne Autoschlüssel entriegelt werden. Gestartet wird das Fahrzeug durch das bloße Betätigen eines Startknopfes. An die Stelle des Schlüssels tritt ein Chip, den der Fahrer mit sich führt.

Kurvenscheinwerfersystem, *das*

Mit einem Kurvenscheinwerfersystem kann der Fahrer in die Kurve hinein statt wie früher nur geradeaus leuchten, und somit vermag er frühzeitiger auf Gefahren zu reagieren als bei normalen Scheinwerfern. Die automatische Kurvenausleuchtung mindert den Konzentrationsaufwand und entlastet den Fahrer.

Lowrider, *der*

Als *Lowrider* oder *Jumpcar* bezeichnet man Autos, bei denen mithilfe elektrisch betriebener Pumpen die Karosserie an den Vorderrädern sowie jede Radaufhängung einzeln angehoben werden kann. Ein solches Auto kann alle möglichen Sprünge machen, die auf den sogenannten »Lowrider Hopping Competitions« von Mithüpfern und Publikum gewürdigt werden. Das Kriterium ist dabei einfach: derjenige gewinnt, dessen Auto am höchsten springt. Gemessen wird dies an den Rädern der Vorderachse. Manche Lowrider sind übrigens durchaus noch zum Fahren geeignet.

Mautausweichverkehr, *der*

Die Maut für Lkws wird in Deutschland nur für die Benutzung der Autobahn erhoben. Nun gibt es in einigen Regionen auch Bundesstraßen, über die Lkws nahezu gleich schnell wie auf der Autobahn vorankommen. Auf diesen Strecken hat sich schnell ein Mautausweichverkehr gebildet – sehr zum Missfallen derer, die entlang der Bundesstraßen wohnen. Zeitweise hatte das Bundesverkehrsministerium erwogen, diese Strecken ebenfalls mautpflichtig zu machen, das dürfte aber schon technisch kaum durchzuführen sein.

Pre-Crash-System, *das*

Große und auch tragische Ereignisse werfen bekanntlich ihre Schatten voraus. Bei drohender Gefahr reagiert unser Körper frühzeitig, beispielsweise durch Schweißausbrüche, Muskelanspannung oder beschleunigten Herzschlag. Pre-Crash-Systeme können diese unbewussten Körperreaktionen messen und vor einem drohenden Aufprall entsprechende Schutzmaßnahmen einleiten. So kann der Gurt vorzeitig gestrafft und die Lenksäule vom Fahrer wegbewegt werden, um das Aufprallen des Körpers auf harte Teile der Inneneinrichtung zu verhindern. Das Ganze muss natürlich innerhalb von Bruchteilen von Sekunden geschehen, und es darf keinen »Fehlalarm« geben. Das sind Herausforderungen an die Ingenieurskunst.

Quickie-Flug, *der*

Eine kleine kanadische Fluggesellschaft hat das Geschäft mit der Lust in der Luft entdeckt. Die »Love Air« genannte Fluggesellschaft bietet ab dem Flughafen Pemberton Rundflüge mit einem Flugzeug an, in dem sexuelle Handlungen ausdrücklich erlaubt sind. Die Firma wirbt mit einem sicheren und unvergesslich romantischen Abenteuer. Das Flugzeug ist mit einem bequemen Bett ausgestattet, ein Vorhang trennt das Cockpit vom Separee. Angst vor den lüsternen Ohren des Piloten muss man auch nicht haben – die Piloten sind angewiesen, schalldichte Kopfhörer zu tragen. Nur beim Start und während der Landung müssen die Passagiere vorschriftgemäß angeschnallt bleiben. Der Kurzflug, der nur für einen Quickie reicht, dauert 30 Minuten, die Langversion immerhin eine (Schäfer-) Stunde.

Schlafwarner, *der*

Sekundenschlaf kann tödlich sein, wenn man sich gerade mit 180 km/h auf der Überholspur befindet. Da Autofahrer dazu neigen, ihre eigene Fitness zu überschätzen, muss die Fahrzeugtechnik helfen, das Schlimmste zu verhindern.

Das entsprechende System, das wohl bald in vielen Autos der Oberklasse zu finden sein wird, erkennt an der Lidschlag-Frequenz des Fahrers, ob dieser hellwach oder müde ist. Wenn Letzteres der Fall ist, schlägt der Schlafwarner Alarm. Dann wird es Zeit, einen Rastplatz aufzusuchen.

Sitzbelegungssensor, *der*

Unsere Autos werden immer schlauer und lassen auch kleine Unachtsamkeiten nicht mehr durchgehen. So schlagen sie Alarm, wenn eine Person im Auto nicht angeschnallt ist. Was aber passiert, wenn statt einer Person ein Korb mit Lebensmitteln den Beifahrersitz belegt? Müssen wir den auch anschnallen, damit die Bordelektronik nicht protestiert? Damit das nicht passiert, verfügen neue und teure Autos über einen Sitzbelegungssensor. Dieser stellt fest, ob sich auf dem Sitz eine Person oder vielleicht nur ein Teddy befindet. Ist Letzteres der Fall, dann wird der Gurtalarm zum Schweigen gebracht.

Sitzbelegungssensor

Skymarshal, *der*

Der Skymarshal wurde in den USA nach spektakulären Flugzeugentführungen eingeführt. Er ist bewaffnet, an seiner Kleidung erkennbar und greift ein, wenn etwas oder jemand die Sicherheit eines Fluges bedroht.

Springwalker, *der*

Eine kleine Firma hat eine Apparatur gebaut, mit der man nur mit der eigenen Muskelkraft auf bis zu 50 Stundenkilometer auf freiem Gelände kommen kann. Man bewegt sich mit diesem Gerät hopsend fort, etwa in der Art eines Kängurus. Mittlerweile soll es sogar eine motorgetriebene Version des Springwalkers geben. Das Gerät ist sicher vor allem etwas für die Fans muskelgetriebener Fortbewegungsarten ohne Räder und für Leute, die um jeden Preis auffallen wollen. Möglicherweise ist der Springwalker auch in unebenem Gelände gegenüber dem Fahrrad im Vorteil. Städter bleiben vielleicht doch besser beim Zweirad.

Staupilot, *der*

Der Staupilot ist eine Person, die für Radiosender Staus auf den Autobahnen per Handy meldet. Die Angaben der Staupiloten, die meist selber mitten im Stau stecken, ergänzen die Angaben der Verkehrspolizei.

Tachotrickser, *der*

Mehrere Millionen Gebrauchtwagen werden in Deutschland jährlich verkauft. Wie viel ein Gebrauchtwagen kostet, bestimmen nicht nur die Marke und das Baujahr, sondern auch die Zahl der gefahrenen Kilometer. Nach Schätzungen einer Versicherung hat jedoch etwa ein Viertel der Gebrauchtautos einen manipulierten Tacho. Moderne Digitaltachos machen es den Tachotricksern besonders leicht. Ein Laptop, die richtige Software und ein wenig Kenntnis im Umgang damit reichen, und schon zeigt der Tacho hunderttausend Kilometer weniger an.

Gesundheit

Die Pharmaindustrie beglückt uns immer wieder mit neuen Medikamenten. Nötigenfalls werden die dazu passenden Krankheiten eben erfunden oder ein gewisses Unwohlsein zur Krankheit hochstilisiert. Dass das Kranksein dadurch immer teurer wird, versteht sich von selbst – einer von vielen Gründen dafür, dass unser Gesundheitssystem marode ist und dringend effizienter Reformen bedarf. Nur kennt keiner das passende Rezept. Stattdessen werden immer wieder wohlklingende Namen in die politische Diskussion gebracht.

Abziehpille, *die*

Abziehpille

Die Abziehpille ist ein Pflaster zur Empfängnisverhütung. Sie soll die oral eingenommene Antibabypille ersetzen. Das dünne beigefarbene Pflaster gibt permanent Hormone über die Haut an den Blutstrom ab. Laut Entwickler enthält das Pflaster denselben Hormongehalt wie die zur Verhütung eingesetzte Pille und ist zu 99 Prozent wirksam. Die aufklebbare Pille wird auf dem Oberarm oder Oberkörper befestigt und soll sich durch ihre Wasserbeständigkeit auszeichnen. Sie muss einmal alle drei Wochen ausgetauscht werden.

Age-Scan, *der*

Ist man wirklich so alt, wie man sich fühlt? Zunächst sollte man in einer ruhigen Minute und vielleicht nicht gerade nach einer durchzechten Nacht versuchen festzustellen, wie alt man sich eigentlich fühlt. Danach unterziehe man sich einem Age-Scan. Bei diesem Verfahren misst der Rechner einige neurophysiologische Eigenschaften und Fähigkeiten: Seh- und Reaktionsfähigkeit, Lungen- und Muskelfunktion, Gehör, Gedächtnis und Tastsinn. Tiefe, hohe, schnelle und bunte Signale erscheinen im Sekundentakt auf einem Touchscreen. Der Age-Scan ist eine Art Reaktions- und Konzentrationstest am Computer. Wer schnell reagiert, erreicht eine hohe Punktzahl und beweist dem Computer, wie fit er wirklich ist. Aus der Kombination aller Messpunkte ermittelt der Rechner das tatsächliche biologische Alter. Den Age-Scan allein sollte man vielleicht nicht allzu ernst nehmen. Aber in Kombination mit einer umfassenden ärztlichen Diagnose können die Messergebnisse helfen, individuelle körperliche Defizite zu erkennen und rechtzeitig gegenzusteuern.

Analog-Insulin, *das*

Analog- oder Kurzzeitinsuline sind eine Alternative zum klassischen Insulin für Diabetiker. Durch den sehr schnellen Wirkungseintritt dieser Insuline braucht kein Abstand mehr zwischen dem Spritzen und der Mahlzeit eingehalten zu werden. Das Analoginsulin kann auch nach dem Essen gespritzt werden.

Bodyanalyse, *die*

Die Bodyanalyse ist ein Verfahren der Körpermessung, das weit über das Feststellen von Größe und Körpergewicht hinausgeht. Mit ihrer Hilfe kann man die Zusammensetzung des menschlichen Körpers im Hinblick auf den Fettanteil, die fettfreie Masse und den Wasseranteil bestimmen. Aus diesen Werten lassen sich wichtige gesundheitliche Risiken herauslesen. So sind bei einer relativ geringen Muskelmasse Beschwerden wie ungenügende Gelenk- und Wirbelsäulenstabilität, Rückenschmerzen oder Bandscheibenprobleme quasi vorprogrammiert.

Body-Wrapping, *das*

Ziel des Body-Wrappings ist es, die Durchblutung und Lymphzirkulation anzukurbeln. Es eignet sich aber auch gut zur Gewebefestigung, z. B. nach Diäten. Der Körper wird an exponierten Stellen mit einer Algen- oder Zimtpackung eingerieben. Anschließend wird er in eine spezielle Folie eingewickelt. Unter der Folie entsteht Wärme, und der Körper fängt an zu schwitzen. Die in der Packung enthaltenen Wirkstoffe und ätherischen Öle werden so von der Haut besonders gut aufgenommen. Die Wickelmethode mit der Spezialfolie wirkt angeblich entschlackend und durchblutungsfördernd. Wem diese Art der Verpackung zu unappetitlich ist, der kann es stattdessen auch einfach mit einem heißen Kräuterbad und einer kräftigen Naturhaarbürste versuchen.

Clusterkopfschmerz, *der*

Der Clusterkopfschmerz ist eine Kopfschmerzerkrankung, die sich durch streng einseitige und in Attacken auftretende extremste Schmerzen im Bereich von Schläfe und Auge äußert. Die Bezeichnung *Cluster* bezieht sich auf die Eigenart dieser Kopfschmerzform, periodisch stark gehäuft aufzutreten, worauf sich dann beschwerdefreie Phasen von Monaten oder gar Jahren anschließen können.

Cyberchondrie, *die*

Zu viel Wissen über die eigene Gesundheit kann gefährlich werden, nämlich immer dann, wenn die Informationen, auf die sich dieses Wissen gründet, nichts mit dem tatsächlichen Gesundheitszustand zu tun haben. Kopfweh, Schnupfen, erhöhte Temperatur? Der gesunde Menschenverstand wird bei diesen Symptomen auf einen grippalen Infekt schließen. Das World Wide Web bietet den Hypochondern dieser Welt aber noch viel mehr Möglichkeiten, sich detailliert krank zu fühlen – hinter einem Schnupfen könnte ja auch leicht eine lebensbedrohliche Immunschwäche stecken. Das Stöbern im WWW nach Krankheiten, die zur jeweiligen Symptomlage passen, wird *Cyberchondrie* genannt. Man leidet, mehr oder weniger lustvoll, an Krankheiten à la WWW.

Dermafiller, *der*

Dermafiller sind Materialien zur Auffüllung von Falten. Sie werden in der Schönheitschirurgie verwendet. Silikonöl oder Kollagen sind typische Dermafiller. Wenn Ihr Kollege also plötzlich so schön aufgepolstert aussieht, dann liegt es am Dermafiller – oder einfach an ein paar zusätzlichen Pfunden.

Disease-Management-Programm, *das*

Disease-Management-Programme sind Behandlungsprogramme für chronisch kranke Menschen, die sich auf die Erkenntnisse evidenzbasierter Medizin stützen. Krankenkassen bezeichnen diese

Programme auch als Chronikerprogramme. Disease-Management versteht sich dabei als zentral – meist von den Krankenkassen – organisierte Steuerung des Behandlungsprozesses. Mit diesen Programmen soll die Gesamtversorgung von Patienten verbessert und der Kostenaufwand minimiert werden.

Ethnopharmakologie, *die*

Die Ethnopharmakologie befasst sich mit der traditionellen Heilkunde fremder Völker und versteht sich als Alternative zum Heilsystem der westlichen Welt. Besonderes Interesse finden dabei pflanzliche Drogen, die in Verbindung mit Heilzaubern ihre Wirkung entfalten. Möglicherweise entfalten sie ihre Wirkung ja auch ohne diesen Heilzauber. Aber ein bisschen für den guten Zweck gezaubert hat ja noch nie geschadet.

Floatcenter, *das*

Das Floatcenter ist eine Erfindung der Wellness- oder Ereignisbad-Industrie. Das englische Wort *float* bedeutet unter anderem »treiben« oder »schweben«. Beim Floaten steigt man in einen mit warmem Salzwasser gefüllten Tank, um sich bei Dunkelheit und gedämpfter Musik zu entspannen und seine innere Ruhe zu finden. Damit man diese wirklich findet, übernehmen in einigen Floatcentern rührige Mitarbeiter das → Handysitting. So verpasst man kein wichtiges Geschäft, während man sich kurzzeitig in einen Salzhering verwandelt.

Gesichtsblindheit, *die*

Das Wiedererkennen von Gesichtern ist eine automatisch ablaufende Leistung unseres Gehirns, das uns innerhalb von einer halben Sekunde alle für die Wiedererkennung notwendigen Informationen zur Verfügung stellt. Einige Menschen aber haben keinen Zugang zu den mit einem bestimmten Gesicht verknüpften Daten und können Gesichter daher nicht wiedererkennen. Für alle, die unter diesem

Gesichtsblindheit genannten Defizit leiden, sind Gesichter bedeutungslos. Dies ist schwer zu verstehen für diejenigen, die mit einem Gesichtsblinden zu tun haben und sich immer wieder namentlich vorstellen müssen. Das scheinbare Vergessen des Namens gilt in unserer Kultur als grobe Unhöflichkeit, ein Umstand, der den Leidensdruck der Gesichtsblinden enorm erhöht. Wer sich das Problem einmal vergegenwärtigen möchte, der stelle sich die Schwierigkeit vor, als Europäer in einer großen Gruppe von Asiaten einen Bekannten wiederzufinden oder sich die Namen von zehn koreanischen Geschäftspartnern zu merken.

In-Body-Technologie, *die*

Zwei Studenten eines Royal College of Art in Großbritannien haben kürzlich in ihrer Abschlussarbeit einen Funkempfänger vorgestellt, der in einen Zahn implantiert werden kann. Das System wandelt die empfangenen Funksignale in Vibrationen um, die über den Kieferknochen an das Gehör übertragen werden. Man hört also faktisch mit dem Zahn; eine Errungenschaft, die vor allem Hörgeschädigten zugutekommen könnte. Man kann das Ergebnis aber auch als ein Beispiel für In-Body-Technologie betrachten. Der Anwendungshorizont der In-Body-Technologie ist weit und reicht von Spielereien wie dem Zahnhandy bis zum Hirnchip, der Fehlfunktionen des Gehirns beheben und so bis heute unheilbare Hirnkrankheiten wie die Epilepsie zumindest lindern soll. Die sozialen und kulturellen Folgen für die Gesellschaft, aber auch für den Einzelnen sollten gründlich untersucht werden. Philosophisch betrachtet könnte mit dieser Technologie der Fortgang der Evolution in menschliche Hände gelegt werden. Wir alle müssen entscheiden, ob wir diesen Weg wirklich beschreiten wollen.

Infostress, *der*

Wissensarbeiter sind ständig einer großen Flut von Informationen ausgesetzt – man denke nur an die oft minütlich hereintröpfelnden

E-Mails. Die großen Mengen ständig verfügbarer Informationen können zu Infostress führen. Infostress ist jener Stress, den wir verspüren, wenn wir mit zu vielen Informationen auf einmal konfrontiert werden; wir können mit dem Vorhandenen nicht umgehen, nicht mehr zwischen »wichtig« und »unwichtig« trennen; was letztendlich Entscheidungen erschwert oder unmöglich macht, weil wir immer befürchten müssen, den entscheidenden Aspekt übersehen zu haben. Das Problem ist nicht neu, wird aber durch den vereinfachten und ubiquitären Zugang zu Informationen verschärft. Man hat als Wissensarbeiter die Pflicht, immer und überall ausreichend informiert zu sein. Was aber »ausreichend« ist, das ist heute schwerer zu bestimmen denn je.

Irisscan, *der*

Ein Forscherteam am Multiple-Sklerose-Zentrum der Johns-Hopkins-Universität in Baltimore hat ein neuartiges Verfahren zur Diagnose der multiplen Sklerose entwickelt. Mittels eines optischen Kohärenztomografen untersuchen die Forscher den Zustand der Nervenzellen in der Netzhaut des Auges. Aus dem Zellbild lässt sich das Aufkommen der Krankheit bereits in einem sehr frühen Stadium erkennen. Der einfache, schnell durchführbare Test soll vor allem eine effektive Therapie im Frühstadium der Krankheit ermöglichen.

Laptopmedizin, *die*

Der hohe Grad von Vernetzung privater Haushalte macht es heute möglich, bestimmte Formen der medizinischen Betreuung, bei denen die körperliche Anwesenheit des Arztes nicht vonnöten ist, über den Laptop durchzuführen. Patient und Arzt kommunizieren virtuell. Dies erlaubt eine größere Flexibilität und kann auf Dauer die teure Infrastruktur von Kliniken reduzieren. Laptopmedizin wird bereits jetzt als Rettungsanker für finanziell klamme Kliniken gehandelt. Dies gilt vor allem für Kliniken im ländlichen Bereich, die eine räumlich weit verstreute Klientel zu betreuen haben.

Lichtverschmutzung, *die*

Die Lichtverschmutzung wird von uns wenig beachtet, da zu viel Licht keine unangenehmen Gerüche verursacht und man immerhin noch die Augen schließen kann. Zu viel Licht wird höchstens als Ursache von Energieverschwendung betrachtet. Dabei kann ein Zuviel an Lichtemission für unsere Mitgeschöpfe, z. B. für Zugvögel, zur echten Gefahr werden. Einige Städte in Deutschland gehen mittlerweile systematisch gegen Lichtverschmutzung vor. Lichtquellen werden hier entweder nach ihrer Effektivität im Verhältnis zum Streuverlust ausgewählt oder gleich ganz ausgeschaltet.

Lifestylemedikament, *das*

Lifestylemedikamente sind Medikamente, deren Einnahme für die Gesundheit eines Patienten nicht unbedingt notwendig ist. Diese Medikamente sollen aber Defizite ausgleichen, die den Lebensstil des modernen Menschen vor allem in der westlichen Welt beeinträchtigen. So gehören potenzsteigernde Medikamente oder Haarwuchsmittel zu den bekannten Lifestyleanwendungen. Im Internet ist für diese Medikamente ein großer grauer Markt entstanden, da der Patient diese Mittelchen aus der eigenen Tasche bezahlen muss und deshalb die billigste Variante sucht. Aber oft sind diese Billigvarianten Fälschungen, deren Einnahme gesundheitsgefährdend sein kann. Die Entwicklung von Lifestylemedikamenten ist zudem ein Geschäftsfeld, das der pharmazeutischen Industrie hohe Profite bescheren kann. Angesichts solcher leicht zu erzielender Gewinne kann die Forschung an anderen Medikamenten leicht auf der Strecke bleiben; vor allem, wenn es sich um seltene Krankheiten einer weniger zahlungskräftigen Klientel handelt.

Myolifting, *das*

Myolifting ist eine Behandlung der Haut mit mittelfrequentem Strom. Bei der Behandlung werden dünne Messingelektroden auf bestimmte Zonen im Gesicht und am Hals geklebt. Sie übertragen

Impulse auf die Muskeln und lassen sie im bestimmten Rhythmus kontrahieren. Durch das Myolifting wird die Muskulatur aktiviert und die Durchblutung gefördert. Verkrampfungen und Verhärtungen der Muskulatur werden gelöst. Dieses Verschönerungsprogramm wäre wohl unnötig, wenn wir stattdessen mehr lachen oder ein Gesicht mit Falten einfach als ein interessantes Gesicht akzeptieren würden.

Nabelschnurblutbank, *die*

In der Nabelschnurblutbank kann man Stammzellen eines Neugeborenen deponieren. Das Nabelschnurblut des neuen Erdenbürgers enthält diese Stammzellen. Mit ihnen können u.U. später auftretende Erkrankungen geheilt werden.

Nanoroboter, *der*

Unter Nanorobotern oder Nanobots versteht man autonome Maschinen im Kleinstformat. Noch sind diese keine realen Produkte, sondern nur ein Entwicklungsziel der Nanotechnologie. Nanobots wird eine große Zukunft in der Medizin vorausgesagt, wenn sie in der Lage sein sollten, selbsttätig im menschlichen Organismus auf der Suche nach Krankheitsherden und zu deren Beseitigung unterwegs zu sein, angetrieben von → Biomotoren. Auch für den Transport von Stoffen, die dem Körper von außen zugeführt werden müssen, könnten Nanobots geeignet sein. Sie könnten damit einige chirurgische Eingriffe überflüssig machen.

Napmosphere, *die*

Haben Sie auch schon erfahren müssen, dass Ihr Bürostuhl für ein kurzes, aber erholsames Nickerchen zu unbequem ist und die Tastatur keine geeignete Unterlage für Ihr müdes Haupt? Mit Napmosphere, einer Liegekugel, die man bequem in einer Sporttasche mit sich tragen kann, kommt nun die Erlösung. Der Name dieses kokonartigen Entspannungsraums setzt sich aus den englischen

Wörtern für »Nickerchen«, »Atmosphäre« und »Kugel« zusammen. Die lichtdurchlässige Liegekugel passt sich dem Körper an und nimmt die Lichtstimmung der »Napmosphere« auf. Das schwebende Gefühl beim Liegen reduziert die Wahrnehmung der Hülle soweit, dass selbst ein Mensch mit Klaustrophobie sich trotz des tatsächlich engen Raumes wohlfühlen kann. Auch ein Versinken in den Kugeln ist ohne Beklemmungen möglich, da zwischen den formstabilen Kugeln Hohlräume entstehen, welche die Luftzufuhr durch die atmungsaktive Hülle weiterleiten. So kann sich der Schläfer fast vollständig vergraben – so lange, bis der Chef anklopft.

Night-Eating-Syndrom, *das*

Das Night-Eating-Syndrom ist durch morgendliche Appetitlosigkeit, nächtliche Essattacken und Schlafstörungen gekennzeichnet. Neben einer Einschlafstörung ist oftmals auch eine Durchschlafstörung zu verzeichnen. Vor allem in Zeiten erhöhter Belastung kommt es zu dieser Symptomatik. Die Stimmung der Nachtesser verschlechtert sich gegen Abend zunehmend. Während der nächtlichen Essepisoden sind die Betroffenen wach und können sich am nächsten Tage auch daran erinnern. Jetzt hat unser nächtliches Schleichen zum Kühlschrank mit anschließendem schlechten Gewissen also einen Namen, und wir haben immerhin den Trost, an einem waschechten »Syndrom« zu leiden.

Palliativdienst, *der*

Der Palliativdienst verknüpft die ambulante und stationäre Versorgung von schwerstkranken Tumorpatienten, die an unerträglichen Schmerzen und Symptomen wie Übelkeit und Atemnot, aber auch an Angst und Hoffnungslosigkeit leiden. Palliativmediziner beobachten den Krankheitsverlauf, stehen als Ansprechpartner für die Kranken zur Verfügung und koordinieren die Behandlung bzw. alle Maßnahmen, die zur Linderung der Schmerzen führen.

Patientenbegleiter, *der*

Es gibt ihn sowohl aus Fleisch und Blut als auch digital: den Patientenbegleiter. Der menschliche Begleiter ist ein Service der Krankenkassen für schwer und chronisch Kranke. Er soll mit seinem Fachwissen den Patienten auf seinem Weg durch den Dschungel von Behandlung, Medikation und Therapie lotsen. Dabei ist er der Anwalt sowohl des Patienten als auch der ihn beauftragenden Krankenkasse. Der digitale Patientenbegleiter ist eine Erfindung eines Fraunhofer-Instituts. Er bietet auf den Patienten zugeschnittene Gesundheitsinformationen und hilft, Erkrankungen vorzubeugen und Therapien erfolgreich durchzuführen. Nach stationären Behandlungen oder Schulungen kann mit dem digitalen Helfer das neu erlernte Verhalten verstetigt werden. Der virtuelle Begleiter gibt Tipps und stellt auf Wunsch den Kontakt mit Gleichgesinnten und Experten her.

Retinachip, *der*

Blinden zumindest insoweit zum Sehen zu verhelfen, dass sie wieder Konturen ihrer Umwelt ausmachen können – mit diesem Ziel wurde der Retinachip entwickelt. Er misst ca. drei mal drei Millimeter und ist etwa so dick wie ein Haar. Sieben Patienten, die durch eine Erkrankung der Netzhaut erblindet waren, wurde die mikroelektronische Sehhilfe unter die Nervenzellschicht der Netzhaut implantiert. Alle Patienten haben die komplizierte Operation ohne Probleme und vor allem ohne weitere Schäden im Auge überstanden. Ob sie nun auch sehen können und ob sich das positiv auf ihre Lebensqualität auswirkt, das muss sich noch auf lange Sicht erweisen.

Smart-Aging-Kur, *die*

Smart-Aging-Kuren sollen dabei helfen, das Altern ohne Medikamente oder chirurgische Eingriffe hinauszuzögern. Anti-Aging-Cremes gibt es in riesiger Auswahl und helfende Geister, die absaugen, was angeblich zu viel ist, sowie straffen, wo Falten entstehen, ebenfalls. Viel schöner aber ist es, in ein Luxushotel in der Schweiz zu fahren, wenn man es sich leisten kann. Ein paar Tage in wunderschöner Berglandschaft – betreut von Ärzten, Ernährungsberatern, Vitalköchen und Fitnesstrainern – sollen dabei helfen, besser und schöner alt zu werden. Es muss bezweifelt werden, ob man in ein paar Tagen den Plan der Natur umschreiben kann: dass man jung ist und sich fortpflanzt und nach Erfüllung dieses Zwecks dahinwelkt und vergeht. Die neue Art des »smarten« Alterns ist wahrscheinlich nur ein weiteres Angebot aus der Wellnesspalette, mit der sich einige von den Sparprogrammen der Krankenkassen hart getroffene ehemalige Kurhotels eine neue Klientel suchen.

Sprühkondom, *das*

Sprühkondom

Kondome geben dem Geschlechtsverkehr eine gewisse Sicherheit, sie verringern die Gefahr der Übertragung von Geschlechtskrankheiten. Anderseits gelten sie bei vielen potenziellen Benutzern als Lustkiller. Auch die Sache mit der richtigen Größe gestaltet sich manchmal schwierig – wie leicht kann man sich verschätzen. Abhilfe bei all diesen Problemen verspricht das Sprühkondom. Wie das Kondom aus der Sprühdose genau funktioniert und – vor allem – wie man es wieder entfernt, kann ich hier nicht berichten. Für einen Selbstversuch wenden Sie sich am besten an eine Apotheke oder → Internetapotheke Ihres Vertrauens.

Wissenschaft

In diesem Kapitel stelle ich Ihnen einige Wissenschaftler und Forschungsgebiete vor, denen die Öffentlichkeit eher wenig Aufmerksamkeit schenkt, die aber dennoch viele für unser Leben wichtige Erkenntnisse hervorgebracht haben. Zweifellos verdienen manche dieser Wissensgebiete mehr Anerkennung. Die Grenzen zwischen interessant und kurios sind allerdings oftmals fließend. Bilden Sie sich Ihr eigenes Urteil!

Barbiologie, *die*

Schon solange es Barbie mit ihrem muskelbepackten Freund gibt, stellt sie die Eltern der puppenverliebten Kleinen vor erzieherische Probleme: Wie kann mein Kind einen solchen Puppenklon schön finden? Droht ihm gar seelischer Schaden? Auch die Reproduktionsbiologie von Barbie ist nicht einfach zu verstehen. Und zu allem Überdruss gibt es nun auch noch die schwangere Barbie, die – schwups – mit einem »einfachen« Kaiserschnitt entbindet. Da erklären Sie Ihrem Kind mal, was ein Kaiserschnitt ist und warum in der Realität manches ein wenig anders abläuft als in Barbies Welt. Wenn Sie das können, dann dürfen Sie sich mit Recht *Barbiologe* (oder *Barbiologin*) nennen.

Bcuhstbaenreheniflоge, *die*

Forscher haben herausgefunden, dass die richtige Reihenfolge der Buchstaben selbst bei langen und scheinbar schwierigen Wörtern gar nicht so entscheidend dafür ist, dass wir das Wort richtig lesen und verstehen. Es sind dennoch einige Regeln zu beachten. Ein Buchstabe sollte nicht zu weit von seinem eigentlichen Platz entfernt stehen und alle Buchstaben eines Teilwortes (»Buch«, »staben«, »reihen«, »folge«) sollten zusammenstehen. Es ist übrigens einfacher, ein Wort zu entziffern, wenn der Anfang und das Ende korrekt sind und es nur in der Mitte durcheinandergeht. Vieles ist möglich jenseits der Rechtschreibung, aber nicht alles.

Behaglichkeitsforscher, *der*

→ Behaglichkeitslabor.

Behaglichkeitslabor, *das*

Wenn man schon fliegen muss, dann möchte man es, vor allem bei einer langen Flugdauer, wenigstens behaglich haben. Aber welcher Grad an Behaglichkeit ist auf einem engen Flugzeugsitz überhaupt noch möglich? Daran arbeiten Forscher der Fraunhofer-Gesell-

Behaglichkeitslabor

schaft. In einer abgewrackten Maschine, die einst für eine armenische Fluggesellschaft unterwegs war, haben sie ein Behaglichkeitslabor eingerichtet. Hier wird die Flugsituation simuliert. Die Maschine bleibt natürlich am Boden, sie lärmt und wackelt aber wie bei einem echten Flug. Es wird u. a. getestet, wie man das Mikroklima im Flugzeug so gestalten kann, dass es bei Langzeitfügen nicht zu Kopfschmerzen, trockenen Atemwegen und anderen typischen Flugbeschwerden kommt. Das Wohlgefühl beim Fliegen steht bei der Flugzeugkonstruktion leider nicht auf dem Anforderungszettel oder es rangiert ganz unten. Natürlich hat die Sicherheit beim Fliegen oberste Priorität, aber wenn man sich obendrein noch behaglich fühlt, dann kommt man noch mal so gerne wieder.

Biogerontologe, *der*

Ein Ziel der Biogerontologen ist die Komprimierung der Phase der Gebrechlichkeit. Das bedeutet eine Verkürzung des Zeitraums, den Menschen in einem gebrechlichen Zustand verbringen, bevor sie sterben. Dahinter steckt die Idee, dass wir nicht versuchen sollten, die gesamte Lebensspanne zu verlängern, sondern nur die Lebensspanne in guter Gesundheit. Ein angesehener Biogerontologe ist der Brite Aubrey de Grey. Er hat einen Siebenpunkteplan entwickelt, der auf die Abschaffung des Alterns zielt. Das Konzept nennt sich SENS, was für »Strategies for Engineered Negligible Senescence« steht und sinngemäß mit »Strategien zur Bekämpfung des Alterns« übersetzt werden könnte. Da wir alle alt werden, wenn wir nicht vorher sterben, ist die Frage, wie wir würdig und ohne schwere Gebrechen das Alter überstehen, gesellschaftlich höchst relevant.

Crashforscher, *der*

Crashforscher untersuchen bzw. simulieren Zusammenstöße im Labor. Meist sind Automobile daran beteiligt, in denen Dummys sitzen. Diese Testfiguren sind mit Sensoren vollgepackte Hightechgeräte. Die Sensoren messen die Kräfte, die am Kopf, in der Brust und in den Oberschenkeln wirken. Wichtig ist eine präzise zeitliche Auflösung der Kräfte, die auf den Körper wirken. Aus den Ergebnissen lernt die Autoindustrie, wie Autos für den Menschen sicherer gemacht werden können.

Crashforscher

Desasterforschung, *die*

Die UNO-Vollversammlung hatte die Neunzigerjahre des letzten Jahrhunderts zur internationalen Dekade für Katastrophenvorbeugung erklärt. Ein Beitrag Deutschlands hierfür war die Einrichtung einer Abteilung für Desasterforschung am Geoforschungszentrum Potsdam. Eines der großen Projekte an diesem Institut ist die Erdbebenforschung. Auch Vulkanausbrüche gehören zu den großen Desastern, die man in den Griff kriegen möchte. Katastrophen dieser Art kann man nicht verhindern, aber ihre exakte Vorhersage würde viele Menschenleben retten helfen.

Duografie, *die*

Wenn man das Leben einer berühmten Person oder auch das Leben der eigenen Mutter literarisch gestaltet oder verfilmt, dann handelt es sich um eine Biografie. Wie aber nennt man ein Werk, in dem man das Leben zweier Personen darstellt, etwa zweier konkurrierender Entdecker wie Scott und Amundsen oder zweier Freunde wie Clemens Brentano und Achim von Arnim? Man kann dieses Werk dann

Duografie nennen. Über die Brontës könnte man eine Triografie schreiben. Bei größeren Gruppen von Berühmtheiten, man denke da nur an die Beatles, wird es dann schon schwieriger, einen passenden Gattungsnamen zu (er)finden.

Eggsperiment, *das*

In einem Eggsperiment wurde untersucht, ob auch ein Mensch ein Ei ausbrüten kann. Das Ganze dauerte 21 Tage, und tatsächlich: Auch aus dem menschlich bebrüteten Ei schlüpfte ein Küken. Über irgendwelche psychischen Probleme dieses Kükens ist uns nichts bekannt.

Enigmatologie, *die*

Die Enigmatologie ist die Lehre von den Rätseln. Es gibt weltweit nur eine einzige Professur für Enigmatologie, natürlich in den USA. Angesichts der bedeutenden Rolle, die Rätsel in unserem Alltag spielen (z. B. »Wo steckt schon wieder der verflixte Autoschlüssel?«), und der mit ihrer Lösung verbundenen kognitiven Prozessen, die der Erforschung harren, hätte die Enigmatologie mehr Präsenz im Wissenschaftsbetrieb verdient.

Finsternisforscher, *der*

Die Finsternisforschung widmet sich weniger der ordinären irdischen Finsternis als der Bestimmung von Planetenfinsternissen. Dies sind für die Forschung wertvolle Momente, in denen diese Planeten mal nicht angestrahlt werden und deshalb besonders gut beobachtet werden können.

Flirtforschung, *die*

Die Flirtforschung betrachtet das menschliche Balzverhalten unter streng wissenschaftlichen Gesichtspunkten. Die Ergebnisse sind für den Normalbürger durch eine Vielzahl von Ratgebern in Form von Büchern oder Zeitungskolumnen sichtbar. Ein neues Gebiet kommt für die Flirtforschung hinzu: der Onlineflirt, der in den Chaträumen im World Wide Web blüht. Am interessantesten ist hier sicher die Frage, welche Signale den Flirt steuern, wenn man den Körper des anderen nicht sehen kann. Um das zu kompensieren, muss viel mehr Süßholz geraspelt werden.

Fluchforscher, *der*

Die befreiende und für andere manchmal schockierende Wirkung des Fluchs liegt in der Verletzung von Tabus. Jede Gesellschaft kennt andere Tabus. Dementsprechend ist auch das Fluchrepertoire ein jeweils anderes. Anders herum lassen sich aus den Flüchen die Tabus einer Gesellschaft erkennen. Deshalb ist die Fluchforschung ein wichtiger Bereich der Ethnologie. Einfluss hat die Fluchforschung, auch Malediktologie genannt, auf die Vermittlung von Spielregeln in der interkulturellen Kommunikation. Sie ist daher auch eine angewandte Wissenschaft und verdient mehr Beachtung, verflixt noch mal!

Gagologe, *der*

Die Gagologie beschäftigt sich wissenschaftlich mit Witzen. Dennoch haben Gagologen in ihrem Forscheralltag wenig zu lachen. Erstens würde ihr eigenes Lachen als zu starke Identifikation mit dem Forschungsgegenstand betrachtet werden. Und zweitens führt die Gagologie ein randständiges Dasein in der Wissenschaft. Die Bezüge zur Linguistik sind offensichtlich, deshalb wird die Witzforschung oft von Linguisten mit erledigt. Dabei zeigt doch die große Zahl von schlechten Witzen, wie dringend wir auf diesem Gebiet des wissenschaftlichen Rats bedürfen.

Geschmacksforscher, *der*

Geschmacksforscher untersuchen die objektiven und subjektiven Aspekte des menschlichen Geschmacksempfindens. Die Forscher leisten unter anderem wichtige Beiträge zur Aufklärung der molekularen Mechanismen, die der Geschmackswahrnehmung zugrunde liegen. Diese Erkenntnisse sind wiederum wichtig für neue Schulen der Speisezubereitung wie die → Molekulargastronomie.

Ig-Nobelpreis, *der*

Der Ig-Nobelpreis (»Ig« von englisch *ignoble* für »schlecht, niedrig«), der auch als *Anti-Nobelpreis* bezeichnet wird, ist eine von der Harvard-Universität in Cambridge verliehene, ironisch gemeinte Auszeichnung für unnütze, unwichtige oder skurrile wissenschaftliche Arbeiten. Der Preis wird seit 1991 verliehen. Die geehrten Wissenschaftler sind meist stolz auf die Auszeichnung, auch wenn sie natürlich wenig schmeichelhaft ist. Bei manchen ausgezeichneten Forschungsvorhaben ist es selbst für Experten schwer, ihre Relevanz zu erkennen. So wurde im Jahr 2007 der Ig-Nobelpreis für Linguistik an ein Team der Universität von Barcelona verliehen, deren Forschung die Unfähigkeit von Ratten zeigte, eine Person, die japanisch rückwärts spricht, von einer Person zu unterscheiden, welche niederländisch rückwärts spricht. Der Preis für Medizin wurde im selben Jahr für eine sondierende Arbeit über die gesundheitlichen Folgen des Säbelschluckens vergeben. Andere Forschungsvorhaben wurden wohl eher deshalb nominiert, weil der Sinn oder Nutzen der Forschung nicht ausreichend dargestellt wurde. So ging der Preis für Mathematik im Jahr 2006 an zwei australische Wissenschaftler für die Berechnung der Anzahl an Fotos, die aufgenommen werden müssen, um sicherzustellen, dass (fast) niemand in einer Gruppe die Augen geschlossen hat – sicherlich eine wichtige Erkenntnis für Gruppenfotografen, vor allem im Zeitalter der digitalen Fotografie, wo man beliebig viele Fotos machen und schnell wieder löschen kann.

Promenadologie, *die*

Das Wandern ist nun auch des Forschers Lust: Die Promenadologie ist die Wissenschaft, die sich mit der Erfassung und gedanklichen

Einordnung der Umwelt durch Promenieren und Ambulieren beschäftigt. Sie wurde von dem deutschen Soziologen Lucius Burckhardt begründet. Die Promenadologie hat Bedeutendes zur Landschaftsgestaltung, aber auch zur Konzipierung von Ausstellungen beizutragen. Zurzeit gibt es an der Universität Kassel einen Lehrauftrag zur Spaziergangswissenschaft, und auch in Leipzig wird diese Disziplin gelehrt.

Risikokommunikation, *die*

Wenn man in Ufernähe surft (→ Shorebreak) oder Rindfleisch verzehrt (→ Risikofleisch), dann geht man – möglicherweise unbewusst, weil die entscheidenden Informationen fehlen – ein gewisses Risiko ein. Gelegentlich bleibt einem auch gar nichts anderes übrig, als zwischen zwei Risiken zu wählen. Des Volkes unergründliche Weisheit lehrt uns: Wer sich (nicht) in Gefahr begibt, kommt darin um. Etwas langweiliger, aber auch substanzieller wird diese Weisheit mit dem Instrument der Risikokommunikation vermittelt. Die Risikokommunikation gehört in Deutschland zu den Aufgaben des Bundesinstituts für Risikobewertung. Seine Aufgabe liegt darin, auf Risiken bestimmter Handlungen hinzuweisen. Besonders gefährdete Zielgruppen werden direkt angesprochen, und es wird versucht, in einer Situation mit verschiedenen oder unvermeidlichen Risiken zu helfen, ein Verhalten zu finden, das das Risiko insgesamt minimiert. Es hilft leider gar nicht, wenn man angesichts von Risiko- und Gammelfleisch gar nichts mehr isst. Vielleicht sollte man auf Gemüse umsteigen, aber was ist mit der Pestizidbelastung? Fragen über Fragen.

Rissforschung, *die*

Die Rissforschung ist eine Unterdisziplin der Werkzeugtechnik. Sie untersucht, wann und wie Risse in verschiedenen Materialien entstehen, und wie man die Risse selbst oder zumindest die negativen Folgen von Rissen verhindern kann. Wer möglichst viele Einflüsse kennt, die auf ein Material wirken, der kann ein Rechenmodell für die Rissbildung entwickeln und so brauchbare Prognosen über die Lebensdauer eines Werkstoffs erstellen. Denn der Trend geht weg von teuren Prüfständen und zeitaufwendigen Experimenten; auch im Bereich der Werkstofftechnik ist Simulation gefragt. Wer schon mal in einem Flugzeug geflogen ist – und das sind sicher die meisten von uns –, wird die Arbeit der eher unauffälligen Rissforschung sicher zu schätzen wissen.

Sprachgen, *das*

Seit Herders Antwort auf die Akademiefrage »Haben die Menschen, ihren Naturfähigkeiten überlassen, sich selbst Sprache erfinden können?« aus dem Jahre 1770 wissen wir, dass es die Sprache ist, die den Menschen vor seinen tierischen Artgenossen auszeichnet und ihn zur Krone der Schöpfung macht. Die Neurobiologie lehrt uns, dass das menschliche Gehirn zwei Sprachzentren besitzt, deren Beschädigung zum Verlust der Sprache führt. Vor nicht allzu langer Zeit hat nun die Wissenschaft den genetischen Code von Tier und Mensch zumindest teilweise entschlüsselt. Nun wird untersucht, ob es ein Gen gibt, das die Ausbildung der Sprachzentren und damit unsere Sprachfähigkeit steuert. Bisher verlief die Suche ergebnislos, und ehrlich gesagt bezweifle ich, ob es wirklich die Mühe wert ist, unserer Hybris als Krone der Schöpfung weitere Nahrung und damit sprichwörtlich unserem Affen Zucker zu geben.

Stauforscher, *der*

Der Stauforscher untersucht die Ursachen von Staus und schlägt Maßnahmen vor, wie man Staus vermeiden kann. In Deutschland, so die Stauforscher, sollte die gesamte Infrastruktur, auch abseits der Autobahnen, intelligenter genutzt werden (→ Mautausweichverkehr). Außerdem muss bei den Fahrern durch gezieltes Training das Bewusstsein für Verhalten geschärft werden, durch das sie Staus verursachen können. Denn der Blick richtet sich nach vorne, ein Stau entsteht aber immer hinter dem Verursacher.

Unterbrechungswissenschaft, *die*

Die Unterbrechungswissenschaft untersucht, wie Menschen sich bei der Arbeit ablenken lassen. Die Wissenschaft wird vor allem in den USA betrieben und ist in Deutschland noch nicht heimisch geworden. Eine US-amerikanische Unterbrechungswissenschaftlerin verfolgte über mehrere Tage die Arbeit von 36 Angestellten einer Hightechfirma. Im Schnitt konnten sich die Testpersonen gerade mal elf Minuten mit einer Aufgabe beschäftigen, bevor der Fokus der Gedanken von außen neu ausgerichtet wurde. Bevor es im Durchschnitt etwa 25 Minuten später wieder an das alte Vorhaben ging, hatten sich mindestens zwei andere Angelegenheiten dazwischengemogelt. Der typische Angestellte der Firma arbeitete gleichzeitig an zwölf offenen Baustellen. Der volkswirtschaftliche Nutzen der Unterbrechungswissenschaft ist offensichtlich, vor allem wenn sie sich dazu herbeilässt, Gegenmaßnahmen vorzuschlagen. Insofern wird sie sicher auch in Deutschland Zukunft haben, wenn auch vielleicht nicht als eigenständiges Forschungsgebiet.

Wettermodellierer, *der*

Die Prognosen des Wetterberichts sind in den letzten zwanzig Jahren wesentlich präziser geworden. Verantwortlich dafür sind die größere Rechnerkapazität und ein dichteres Netz von Messstationen. Die Zwei-Tages-Prognosen von heute sind so gut wie die Ein-Tages-Vorhersagen in den Siebzigerjahren, der Blick in eine 12 bis 24 Stunden ferne Zukunft gilt als zu 90 oder mehr Prozent korrekt. Doch es bleibt immer ein Rest an Chaos. So entscheiden beispielsweise winzige Veränderungen der Richtung oder Geschwindigkeit des Jetstreams in der Troposphäre weit vor der Küste Alaskas darüber, ob ein Tornado Florida oder Louisiana trifft. Prognostizierte Ereignisse treten immer nur mit mehr oder minder hoher Wahrschein-

Wettermodellierer

lichkeit ein. Wettermodellierer versuchen nun, diese Störfaktoren zu erkennen und in die Berechnung mit einzubeziehen. Bei allem Fortschritt ihrer Forschung müssen sie den Kunden aber immer noch vermitteln, dass jede Prognose mit wenn auch sehr geringer Wahrscheinlichkeit falsch sein kann. Auf das Wetter ist eben kein Verlass.

Zeitbudgetforschung, *die*

Die Zeitbudgetforschung basiert auf empirischen Untersuchungen, durch die festgestellt wird, wie viel Zeit Personen für eine bestimmte Tätigkeit oder Untätigkeit innerhalb eines festgelegten Zeitraums verwenden, z. B. eines Werktags oder Urlaubstags. Sie ist ein Instrument zur Rekonstruktion des Tagesablaufs von Testpersonen. Die Tätigkeiten und vor allem die Mediennutzung eines Stichtages werden nach Zeitpunkt und Dauer mithilfe eines mehr oder weniger fein gegliederten Zeitrasters abgefragt. Die Analyse des Zeitbudgets der Bevölkerung gehört zu den Gegenständen sozialwissenschaftlicher Studien. Auch für die Markt- und Mediennutzungsforschung dürften die so erhobenen Daten interessant sein. Und wir alle wollten ja auch schon immer mal wissen, wie viel Zeit wir beim Fingernägelschneiden, Schokoladenaschen und Haareraufen vertrödeln.

Telekommu-nikation

Die Zeit des stationären Wählscheibentelefons ist endgültig vorbei. Heute können wir jederzeit und überall kommunizieren.
Neben dieser grenzenlosen Mobilität bieten die neuen Geräte aber noch sehr viel mehr Funktionen als ein einfaches Telefonat. Mit ihrer Hilfe können auch geschriebene Nachrichten, Bilder und sogar Videos versandt und auf unterschiedlichen Endgeräten dargestellt werden.
Mittlerweile sind auch die Anbieter mobiler Dienste kreativ, vor allem in der Gestaltung immer wieder neuer Tarife. Dass das Gespräch und der Datenversand dabei immer billiger werden, ist leider ein Trugschluss. Manchmal ist sogar politischer Druck notwendig, um diesem Ziel näherzukommen. Kreativ sind schließlich auch die Hersteller der Handys. Da heute jeder Bundesbürger im Durchschnitt über mehr als ein Handy verfügt, kann der Markt eigentlich als gesättigt gelten. Die Hersteller versuchen nun, Kunden zur Anschaffung eines neuen Handys zu motivieren, indem sie diese mit allerlei Zusatznutzen ausstatten. Das Telefonieren wird dabei fast zur Nebensache.

Braille-Handy, *das*

Eine japanische Firma hat ein Handy entwickelt, das sich auch von Sehbehinderten und Blinden bedienen lässt. Mit dem sogenannten Touch-Messenger können Textnachrichten in Brailleschrift verfasst und empfangen werden. Der Verfasser gibt seine Nachricht über ein Zwölfer-Tastenfeld ein. Das Braillefeld unter dem Tastenblock stellt empfangenen Text in Blindenschrift dar. Anders als bei einer Text-to-Speech-Lösung, bei der die Nachricht der Lesesoftware und damit dem Diensteanbieter bekannt sein muss, bleibt die Privatsphäre des Telefonnutzers beim Braille-Handy gewahrt. Dies ist ein Musterbeispiel für ein barrierefreies Produkt. Leider wird dieses Handy zurzeit nur in China vertrieben, aber es ist zu hoffen, dass sich auch die Anpassung an den europäischen Markt für den Hersteller lohnt.

Callcheater, *der*

Ein Callcheater ist ein Programm, das Handygespräche mit Hintergrundgeräuschen Ihrer Wahl hinterlegt. Dafür werden vorgefertigte Audiodateien verwendet. So kann man vortäuschen, am Arbeitsplatz zu sein oder im Stau zu stecken, während man noch gemütlich im Café abhängt. Der Klanghintergrund kann je nach Anrufer bzw. Angerufenem automatisch zugeschaltet werden, sodass Ihr Mann oder Ihre Frau leicht den Eindruck bekommen kann, dass Sie die ganze Zeit arbeiten. Natürlich kann man auch eigene Audiodateien anfertigen, falls der Partner die Geräuschkulisse an Ihrem Arbeitsplatz wiedererkennen soll.

Funkzellenpeilung, *die*

Jeder Bundesbürger hat mittlerweile im Durchschnitt mehr als ein Handy. Viele Handys, so darf man vermuten, sind eingeschaltet und befinden sich in unmittelbarer Nähe ihres Besitzers. Weiß man also, wo sich ein Handy befindet, dann hat man auch den Besitzer geortet – eine wichtige Funktion bei der polizeilichen Fahndung nach

Verdächtigen. Dafür werden stille SMS und Funkzellenpeilung eingesetzt. Mithilfe dieser Mobilfunktechnik kann zumindest der ungefähre Standort einer gesuchten Person festgestellt werden. Man plant, im Rahmen der Kommunikationsüberwachung auch Bewegungsprofile von Verdächtigen zu erstellen. Eine »stille SMS« bedeutet, dass die Ermittler unerkannt eine Nachricht an die verdächtige Person schicken. Diese Kurzmitteilung wird vom Mobiltelefon des Empfängers nicht als Nachricht registriert und bleibt auf diesem unsichtbar. Sie erzeugt aber beim Mobilfunkprovider Verbindungsdaten, die sich die Polizei beschaffen kann. Mithilfe dieser technischen Möglichkeit ist in Stadtgebieten eine auf etwa 50 Meter genaue Funkzellenpeilung möglich und bald schon klicken vielleicht die Handschellen. Auf dieselbe Art können auch Eltern ihre handybewehrten Kinder überwachen, wobei die Handschellen hoffentlich nicht zum Einsatz kommen.

Funkzellenpeilung

Handybanking, *das*

Das Handybanking ist eine Form des Onlinebankings. Viele Banken haben mittlerweile Homebanking über Telefon oder PC im Angebot. Nun kommt noch das Mobile Banking oder Handybanking hinzu. Sie können mir also, wenn Sie dieses Buch gerade im Bus lesen und es Ihnen gefällt, mal kurz 10 Euro überweisen. Sie müssen nicht damit warten, bis Sie zu Hause angekommen sind.

Handyfinder, *der*

Sie verlegen hin und wieder ihr Handy? Ein → Zahnhandy kommt für Sie trotzdem nicht infrage? Ein großer Mobilfunkbetreiber kennt das Problem zur Genüge und bietet den Handyfinder als einen Service an, mit dem Sie sich die Position Ihres Handys im Internet anzeigen lassen können. Die Positionsbestimmung erfolgt dabei über die sogenannte Funkzelle (→ Funkzellenpeilung), in der Ihr Handy gerade eingebucht ist. Bei erfolgreicher Lokalisierung schickt der Handyfinder die Ortungsdaten auf das Gerät, mit dem Sie Ihr Handy suchen. Dumm nur, wenn sich das Handy unter dem Sofakissen versteckt hat, denn der Handyfinder kann Ihnen auch nur verraten, dass es »irgendwo hier« ist.

Handyparker, *der*

Die Zeit der Parkuhr scheint abgelaufen. Jetzt, da (fast) jeder Autofahrer ein Handy sein Eigen nennt, gehen immer mehr Kommunen dazu über, den Parkraum über mobile Dienste zu vermieten. Interessierte Autofahrer lassen sich bei einer zertifizierten Agentur registrieren und gelten fortan als Handyparker. Dies können sie durch eine Vignette am Auto anzeigen. Wenn sie einen kostenpflichtigen Parkplatz ansteuern, können sie sich bei einer Servicenummer anmelden und beim Verlassen des Parkplatzes wieder abmelden. Die Parkzeit wird minutengenau abgerechnet. Die Politesse kann bei der Servicestelle jederzeit feststellen, ob ein Auto angemeldet ist. Wenn dies nicht der Fall ist, dann gibt es wohl weiterhin eins der beliebten Knöllchen.

Handyroman, *der*

In Japan sind sie der letzte Schrei und werden von den Massen der Mobiltelefonierer geliebt: die Handyromane. Diese Werke werden in kleine Episoden unterteilt und als SMS an die Abonnenten verschickt. Der Vorteil von Handyromanen liegt darin, dass die Leser den Verlauf einer Geschichte beeinflussen können. Nach jeder neuen Episode haben sie die Möglichkeit, Kommentare und Vorschläge abzugeben – so entsteht mit der Zeit ein interaktives Werk. In Japan gibt es sogar schon einen Preis für diese Literaturgattung.

Man darf gespannt sein, ob sie sich auch im Rest der mobiltelefonierenden Welt verbreitet.

Kalorienhandy, *das*

Angeblich das ideale Spielzeug für den weiblichen Teil der Bevölkerung: Ein großer Handyhersteller hat ein Handy entwickelt, das zugeklappt einem Schminkspiegel ähnelt. Neben den gängigen, auch auf »männlichen« Handys vorhandenen Funktionen wie Webzugang, Terminkalender und Konferenzschaltung kann das Kalorienhandy den Nährwert des Mittagessens berechnen und den Zykluskalender seiner Besitzerin verwalten. Alles, was frau braucht, nicht wahr?

Komposthandy, *das*

Jeder Deutsche ist mittlerweile im Besitz eines Handys. Zählt man alle verkauften Handys zusammen, dann haben die meisten von uns wahrscheinlich mehrere davon. Haben auch Sie das eine oder an-

Komposthandy

dere Handy, das Sie nicht mehr brauchen, ganz hinten in der Schreibtischschublade liegen? Wäre doch prima, wenn das Gerät sich nach gewisser Zeit von selbst zersetzte und nur ein Häufchen Staub übrig bliebe. Dies ist die Idee des Komposthandys, das ausschließlich aus biologisch abbaubaren Bauteilen besteht und somit vollständig kompostierbar ist. Wenn Sie statt Ihres Mobiltelefons nur ein Häufchen Staub in Ihrer abgelegten Handtasche finden – vielleicht war das bereits ein Komposthandy?

M-Payment, *das*

Die Bezahlung von Dienstleistungen und Konsumgütern mit Mobilfunkgeräten wird mit deren weiter Verbreitung immer beliebter. Musikdownloads, Klingeltöne, virtuelle Abonnements oder der zeitlich begrenzte Zugang zu einem kostenpflichtigen Bereich des World Wide Web sind typische Leistungen, die mit M-Payment abgegolten werden können. Den Wocheneinkauf im Supermarkt hingegen wird man auch in Zukunft wohl nicht mit dem Handy bezahlen können.

skypen

Die Ausdrücke *skypen* und *voipen* bezeichnen zwei Formen des Telefonierens über das Internet. Während das zweite Verb von einer Beschreibung der Technik – Voice over IP – abgeleitet ist, entstammt das erste Verb einer bestimmten Software – Skype –, die die VOIP-Technik verwendet. Das erste Verb hat den Vorteil, dass es sich geschmeidiger an die Regeln der deutschen Wortbildung anpasst: ich bin heute *skypebar*, du kannst mich jederzeit *anskypen*, wenn du auch ein erfahrener *Skyper* bist. Mit dem Verb *voipen* sieht dies lange nicht so elegant aus.

Teledildonik, *die*

Teledildonik ist die Wissenschaft und Technik der Fernerotik. Die moderne Teledildonik beruht auf der technischen Kopplung von körpernahen, stimulierenden Gerätschaften mit Telekommunikationsgeräten. So kann die Stimme des geliebten Menschen oder auch eines Rockstars in Impulse umgesetzt werden, die auf das bestimmte Zonen des Körpers stimulierende Gerät übertragen werden. Was vor einigen Jahren, als Ted Nelson den Ausdruck *Dildonik* prägte, noch wie Science-Fiction klang, ist heute mit dem zum iPod passenden iVibrator Wirklichkeit geworden. Damit ist aber vermutlich das Potenzial der Teledildonik noch lange nicht ausgeschöpft.

voipen

→ skypen.

Warchalker, *der*

Das Internet liegt in der Luft. Kabellose Verbindungen ins Netz, sogenannte WLANs, sind heute für viele erschwinglich und entsprechend weit verbreitet. Es bedarf inzwischen nur einfacher Geräte, um auf den unsichtbaren Wellen ins Internet zu surfen. Viele aber vergessen, dass das, was ihnen selbst möglich ist, auch Unbefugten offensteht. Die Sicherheitseinstellungen, die einen Zugriff von außen verhindern sollen, bleiben allzu oft ungenutzt, teils aus Unvermögen, teils aus Nachlässigkeit. Jeder, der auf der Straße in Reichweite eines offenen WLANs ist, kann sich damit verbinden und auf Kosten anderer im Internet surfen. Das unbefugte Eindringen und die Mitbenutzung eines fremden WLANs bezeichnet man als *Wardriving*. Hat jemand ein offenes WLAN entdeckt, dann kann er dies anderen, ebenfalls an der Nutzung offener WLANs Interessierten mitteilen. Dafür werden festgelegte Zeichen verwendet, die man mit Kreide auf der Straße oder an einer Hauswand anbringt. Das Anbringen dieser Zeichen wird *Warchalking* genannt. WLAN-Parasiten, die mit diesen Zeichen arbeiten, nennt man *Warchalker*.

Zahnhandy, *das*

Handys werden immer kleiner. Wie schnell können diese Geräte verloren gehen, wenn sie zum Beispiel aus der Manteltasche fallen. Man merkt es kaum. Das kann nicht passieren, wenn das Handy ein Teil des eigenen Körpers wird. Ein Student des Fachs Produktdesign hat vor Kurzem ein Handy erfunden, das man sich als Backenzahn ins Gebiss einsetzen kann. Telefonieren kann man damit nicht wirklich, aber man kann zumindest hören, was am anderen Ende der Leitung gesagt wird, denn der Schall wird über die Kieferknochen weitergeleitet. Das Zahnhandy ist also eher etwas für Befehlsempfänger ohne Recht auf Widerworte.

Zahnhandy

Technik

Technische Neuerungen sollen das Leben sicherer und angenehmer machen und – letztendlich – dem Menschen dienen. Bei vielen technischen Innovationen aber fällt es schwer zu entscheiden, ob der Nutzen oder der Schaden überwiegt. Es kommt wohl meist auf die Art der Anwendung an. Deshalb widmet sich der gesellschaftliche Diskurs oft den positiven und negativen Folgen technischer Neuerungen. Bei den Neuerungen, die ich im Folgenden vorstelle, können Sie sich selbst ein Bild machen.

Ankochautomatik, *die*

Der Herd von heute hat eine Ankochautomatik. Dabei wird nach anfänglichem Aufheizen der Kochplatte mit voller Leistung die Temperatur automatisch auf die gewünschte Höhe reduziert. Das spart einerseits Zeit, da beim Aufheizen die volle Leistung erbracht wird, und andererseits Energie, da die Kochleistung automatisch zum richtigen Zeitpunkt reduziert wird. So viel Hightech hätten Sie Ihrem Herd wahrscheinlich gar nicht zugetraut.

Beschallungsset, *das*

Wenn die angesagteste Band der Gegend auf Ihrer Geburtstagsfete losrocken möchte und dieser Kulturgenuss nicht auf die Besucher Ihrer Party beschränkt sein soll, dann wird es Zeit, dass Sie sich ein professionelles Beschallungsset ausleihen. Beschallungssets gibt es für erschwingliche Preise beim Eventmanager in Ihrer Nähe oder auch über das Internet zu bestellen. Ob das Geld dann auch noch für das Bußgeld wegen nächtlicher Ruhestörung reicht, falls Ihre Nachbarn den Kulturgenuss zu später Stunde nicht zu würdigen wissen – das müssen Sie selbst entscheiden.

Biodetektor, *der*

Die versuchte Mitnahme von Sprengstoff ins Flugzeug ist, gut getarnt beispielsweise in Schuhabsätzen, zu einer unangenehmen Begleiterscheinung des Reiseverkehrs geworden ist. Eine Ladung Plastiksprengstoff im Flugzeug ist aber bereits eine Ladung zu viel. Sie muss gefunden werden, bevor sie in den Flieger gelangt. Verlässliche Detektoren für Plastiksprengstoff aber sind rar. Abhilfe verspricht ein Biodetektor, der in den USA entwickelt wurde und nicht größer ist als ein normales Handy. Er kann daher auch von mobilen Suchtrupps eingesetzt werden. Der Detektor zeigt durch einen lauten Piepston die Gegenwart von biologischen Kampf- und Sprengstoffen an. Er kann deshalb von Wach- und Flughafenpersonal ohne aufwendige Schulung eingesetzt werden. Der Biodetektor soll angeblich fünfzigmal sensibler sein als die Spürnase eines Hundes. Gegenüber dem Spürhund hat er noch einige weitere nicht zu unterschätzende Vorteile: Er braucht keine aufwendige Ausbildung, frisst nicht und wird nie müde.

Biometrieterminal, *das*

Bärte ankleben, Perücken und Sonnenbrillen aufsetzen ist zwecklos, seit es Biometrieterminals gibt. Sie sind überall dort zu finden, wo der Zugang zu bestimmten Räumen oder Daten auf wenige autorisierte Personen beschränkt werden soll. Man wird aufgrund nicht übertragbarer und unfälschbarer Merkmale wie Fingerabdruck oder Form der Iris erkannt. Diese werden am Terminal überprüft, bevor es heißt: »Sesam, öffne dich.«

Care-O-bot, *der*

→ Serviceroboter.

Cyberwear, *die*

Computer zum Anziehen werden als Cyberwear bezeichnet. Die Elektrokleidung kann als Kommunikationsinstrument und Gedächtnisstütze verwendet werden. In jüngster Zeit mausert sich die smarte Kleidung vom Spielzeug für Technikfreaks zum Alltagsutensil. Kleidung trägt man immer bei sich. Was liegt also näher, als sie mit Geräten zu verbinden, die Daten sammeln und auswerten? Für Extremsportler, die gern in einsamen Gegenden laufen, kann etwa ein GPS-System in die Kleidung integriert werden. Chronisch Kranke können in ein Hemd mit Sensoren schlüpfen, die Körperfunktionen überwachen und im Notfall Alarm schlagen. Textilvisionäre träumen bereits von intelligenter Kleidung. Wie ein guter Geist soll diese ihren Träger bei Laune halten. Stellen die Sensoren fest, dass der Träger mies drauf ist, dann heitert ihn sein Hemd mit Musik oder einer schönen Geschichte auf.

Decoiner, *der*

Wenn ein Land auf eine neue Währung umstellt, dann müssen Massen von Münzen der alten Währung plattgemacht werden, handelt es sich doch bei diesem ehemaligen Zahlungsmittel um eine Quelle wertvoller Rohstoffe. Diese Arbeit erledigt der Decoiner: Fünf Tonnen Geldmünzen pro Stunde kann er verschrotten. So erzeugte der Decoiner beispielsweise vor der Euro-Einführung innerhalb von 60 Minuten aus fünf Tonnen 1-DM-Stücken im Nennwert von rund 700 000 Mark Schrott im Metallwert von etwa 30 000 Mark. Selten wurden 670 000 Mark so schnell vernichtet. Und solange in Europa die Eurozone ausgeweitet wird, wird der Decoiner nicht ausgemustert werden.

Duftnotensystem, *das*

Nicht nur Synästhetiker werden demnächst Düfte wahrnehmen, wenn sie Musik hören. Jetzt gibt es auch für die durchschnittlich Begabten ein Duftnotensystem, das Musik mit wohlriechenden Essenzen verbindet. Der Prototyp des Systems ist eine kleine Box, die drei Reagenzgläser enthält. Über das Pedal eines Klaviers kann ein Musiker direkt beim Spielen seiner Komposition die Duftnoten in das Gerät geben, das sie verschlüsselt, speichert und bei der Wiedergabe entschlüsselt. Musikstück und Duftsequenz werden also gemeinsam komponiert. Der Künstler kann eine Duftsequenz als seine olfaktorische Handschrift entwerfen und vom Publikum schon am typischen Geruch erkannt werden.

Ecobot, *der*

→ Gastrobot.

E-Papier, *das*

Elektronisches Papier, kurz E-Papier genannt, ist eine papierähnliche Unterlage mit einer Beschichtung, der E-Tinte. Die Unterlage besteht aus einem elektrisch leitenden Kunststoff, in dem sich Pigmente befinden, die auf elektrische Spannung reagieren und mindestens einen Ein- und einen Aus-Modus kennen. Da sich Zeichen – Buchstaben, Grafiken, etc. – als Mengen von Bildpunkten darstellen lassen, kann die Darstellung auf dem E-Papier verändert werden. Das E-Papier soll außerdem augenfreundlicher sein als jeder Bildschirm. Ein E-Buch-Lesegerät auf dieser Grundlage könnte der iPod fürs Auge werden und viele Pendler von der Last schwerer Schmöker befreien. Voraussetzung ist allerdings ein breites und attraktives Angebot von E-Büchern, ohne die das E-Papier weiß bliebe. Vielleicht lesen Sie ja diesen Text bereits auf Ihrem E-Buch-Lesegerät?

E-Tinte, *die*

→ E-Papier.

Fingerabdrucksensor, *der*

Ein Fingerabdrucksensor kann als Ersatz für die Passworteingabe verwendet werden. Das Gehäuse eines bereits auf dem Markt befindlichen Sensors wird über ein USB-Kabel mit einem PC verbunden. Die Sensorsoftware kann eine Reihe unterschiedlicher Fingerabdrücke speichern und so geschützte Bereiche für mehrere Benutzer öffnen. Man kann sich unter anderem bei Windows anmelden und Passwörter für andere Anwendungen und für geschützte Websites verwalten. Bezahlen Sie also demnächst also einfach mit Ihrem guten Finger!

Fotofalle, *die*

Die Fotofalle besteht aus einer Kamera, die mitten im Wald oder Dschungel aufgestellt wird und klickt, surrt und blitzt, wenn ein Tier vorbeikommt und auf diese Weise in die Falle geht. Die Tiere kommen mit dem Schrecken davon und suchen schnell das Weite. Naturschützer und Tierfilmer, die dieses Gerät verwenden, freuen sich über die Motive, die ihnen die versteckte Kamera liefert. Im besten Fall gelingen so Schnappschüsse seltener oder noch niemals zuvor entdeckter Tierarten. Fotofallen helfen außerdem, Informationen über den Lebenswandel seltener und sehr scheuer Tiere zu erhalten, die man sonst niemals oder kaum zu Gesicht bekäme. Diese Fotofallen bitte nicht verwechseln mit den Fallen, die Paparazzi kamerascheuen Prominenten stellen.

Fotofalle

Funketikett, *das*

Das Funketikett, auch *Radio Frequency Identification Transponder* oder *RFID-Tag* genannt, dient dazu, Waren sozusagen einen Datenschatten anzuheften und damit den Informationsfluss zwischen Käufern, Händlern und Lieferanten zu verbessern. Dies wird vor allem von Verbraucherschützern kritisch gesehen, und in der Öffentlichkeit wird in diesem Zusammenhang bereits die abschreckende Vision des gläsernen Kunden beschworen. In der Zukunft könnte die Arbeit von Kassiererinnen in Supermärkten wegfallen, wenn das System von Sender und Empfänger fehlerfrei funktioniert und nicht von Kunden mit kriminellem Potenzial manipuliert werden kann. Doch die Anwendungsmöglichkeiten des RFID-Tags gehen weit über die Warenerfassung hinaus. Sie können z. B. das Angebot von öffentlichen Büchereien optimieren und das Auffinden von falsch eingestellten Büchern erleichtern. Bei allen Vorteilen der Funktechnik sollte man die datenschutzrechtliche Problematik nicht außer Acht lassen, denn alle über Kundenkarten o. Ä. gespeicherten Daten lassen sich natürlich auch Personen zuordnen. Inwieweit man eine solche Verletzung der Privatsphäre tolerieren sollte, bleibt fraglich.

Funkkreditkarte, *die*

Ein Schweizer Technologieunternehmen hat in Zusammenarbeit mit einer großen Kreditkartengesellschaft eine neue Technik entwickelt, die eine Bezahlung per Funk ermöglicht. Die Kreditkarte ist mit einem speziellen Funkchip ausgestattet und muss dadurch nicht mehr durch ein Lesegerät gezogen werden, sondern bleibt in den Händen oder in der Brieftasche ihres Besitzers. Bei der Bezahlung wird die Kreditkarte einfach vor ein Lesegerät gehalten und der Kaufpreis per Funk abgebucht. Das Gerät befindet sich in der Testphase in einigen größeren Städten der Schweiz und wird, sollte sich die Technik bewähren, sicher auch bald bei uns eingeführt. Ich freue mich schon auf den elektronischen Bierdeckel, der jedes Bier, das auf ihm steht, direkt an meinen Kreditkartenunternehmen meldet, und meinem Wirt Bescheid gibt, wenn mein Kredit erschöpft ist. Prost!

Gastrobot, *der*

Wenn wir an Roboter denken, dann fällt uns meist ein, was diese fleißigen Helfer zu leisten imstande sind. Sie können uns das Essen oder die Schuhe bringen (→ Serviceroboter), oder sie leisten Großes bei der Fertigung von Automobilen. Selten denken wir daran, dass sich auch Roboter ernähren bzw. Energie tanken müssen. Im Haus oder in der Fabrik ist die nächste Steckdose auch nicht weit. Was aber passiert, wenn Roboter fern jeder Steckdose eingesetzt werden müssen, z. B. bei der Überwachung von Korallenriffen und großen

Waldgebieten oder bei der Räumung von Landminen? Hier müssen autonome Energiequellen her, mit anderen Worten: Roboter müssen sich so ernähren können wie Mensch und Tier. Nun wurde in den USA die erste Maschine entwickelt, die sich von Gras ernähren kann. Dieser Verdauungsroboter, von seinem Erfinder Gastrobot genannt, sieht aus wie eine kleine Eisenbahn. Er muss allerdings von Hand gefüttert werden, was seine Eignung für autonome Expeditionen in große oder gefährliche Gebiete noch stark einschränkt. Der Gastrobot könnte höchstens als Hütehund eingesetzt werden. Der Ecobot, den Forscher in Großbritannien kürzlich vorgestellt haben, ist schon selbstständiger. Er fährt langsam, aber zielstrebig einer Lichtquelle entgegen. Irgendwann einmal sollen in ihm Karotten oder Lebensmittelreste zu Strom verarbeitet werden. Noch verlangt seine mikrobielle Brennstoffzelle allerdings als Nährstoff nach einer Zuckerlösung, die ihm mit einer Pipette eingefüllt wird. Bei jedem Zersetzungsschritt entstehen Elektronen. In den mikrobiellen Brennstoffzellen des Ecobots zweigt eine spezielle Chemikalie einen Teil dieser Elektronen ab, um sie in den Stromkreislauf einzuspeisen. Dadurch lassen sich rund fünf Kilowattstunden Strom aus einem Kilogramm Zucker gewinnen. Auf dieser Entwicklung möchten die britischen Wissenschaftler in den nächsten drei Jahren aufbauen und einen Roboter konstruieren, der sich selbst ernähren und ohne menschliche Hilfe »am Leben« bleiben kann. Es ist noch ein langer Weg dorthin, denn bisher reicht die gewonnene Energie des kleinen Helfers gerade mal dazu, eine Leuchtdiode am Brennen zu halten oder sich im Schneckentempo fortzubewegen.

Gekkomat, *der*

Der Gekkomat ist ein Klettergerät, mit dessen Hilfe ein Mensch an einer glatten Oberfläche senkrecht nach oben klettern kann. Er besteht aus vier computergesteuerten Saugnäpfen, die an den Händen und Füßen befestigt werden. Durch die Erzeugung eines Vakuums können diese Saugnäpfe an jeder Oberfläche haften. Druckluft, die in einem Lufttank auf dem Rücken des Kletterers mitgenommen wird, erzeugt das nötige Vakuum. Dieses wird während der Kletterpartie konstant durch einen Computer überprüft und angepasst. Benannt wurde das Gerät wohl nach dem Gecko, einer Echse, die mit ihren Beinen mühelos glatte, senkrechte Wände emporklettert. Von Tieren lernen: Vielleicht werden wir in der Zukunft auch wie Fledermäuse kopfüber an der Decke schlafen – wer weiß?

Geoglyph(e), *der (die)*

Ein Geoglyph (auch: Geoglyphe) ist eine auf dem Erdboden geformte, in Linien gezeichnete oder durch Straßen- und Wegezüge gebildete Figur von oft mehreren Hundert Quadratmetern Größe. Geoglyphen werden im Städtebau verwendet, um die Funktionen, Lagebeziehungen und Organisationsstrukturen von Gebäuden und deren Verbindungen darzustellen.

Geruchsrekorder, *der*

So, wie ein Videorekorder Bilder aufzeichnet und wiedergibt, zeichnet der Geruchsrekorder einen Duft auf, analysiert diesen und kann ihn auf Knopfdruck neu erzeugen. Herzstück dieses Geräts sind duftempfindliche Sensoren, die einen Geruch in seine einzelnen Komponenten zerlegen und in eine Rezeptur übersetzen. Soll der Geruch später wiedergegeben werden, dient diese als Vorlage für die richtige Chemikalienmischung. Der Duftrekorder kann virtuelle Räume durch künstliche Gerüche angenehmer bzw. »authentischer« gestalten. Er kann sogar bei der Diagnose von Krankheiten eingesetzt werden. Der Körpergeruch eines Patienten kann nämlich Geruchskomponenten aufweisen, die für eine bestimmte Krankheit typisch sind. Diese werden vom Geruchsrekorder erkannt.

Jetpack, *der*

Mit dem Jetpack können einige von uns sich vielleicht bald den Traum vom Fliegen erfüllen. Der Jetpack oder Raketenrucksack ist

Jetpack

ein auf dem Rückstoß basierendes Antriebsgerät, mit dem sich eine einzelne Person frei in der Luft oder im Weltall bewegen kann. Bisher durften aber nur 6 Personen bei der United States Army und der NASA diesen Raketenrucksack testen.

Klimasocke, *die*

Damit man den Skiurlaub in den Bergen ohne Eiszapfen an den Zehen übersteht, gibt es jetzt die Klimasocke. Diese gehört zur Gattung der Funktionstextilien. Die verwendete Klimabalance-Faser hält den Fuß bei Kälte warm und bei Hitze kühl. Wer vom schneebedeckten Berg ins grüne Tal kommt, wird die Anpassungsfähigkeit der Klimasocke schätzen.

Klimasocke

Lufttuning, *das*

Dem Musikliebhaber ist nichts zu teuer, und bei der Musikanlage wird nicht aufs Geld geschaut. Wenn aber die Möglichkeiten auch der besten Musikanlage ausgereizt sind, bleibt nur noch die Luft zwischen Musikanlage und Zuhörer, die optimiert werden kann. Eine österreichische Firma bietet hierfür ein Gerät namens »Raum-Animator« an. Der Erfinder dieser Kiste verspricht eine verbesserte Schallübertragung mittels Lufttuning. Die Luftmoleküle werden durch den Raum-Animator so angeordnet, dass sie besser zueinander liegen. Ob das Ohr des Musikliebhabers den Unterschied wohl wirklich wahrnehmen kann?

Personenvereinzelungsanlage, *die*

Drei und mehr Personen sind eine Gruppe, aber schon zwei Personen können ein Risiko darstellen – eine Tatsache, die vor allem bei sicherheitsrelevanten Gebäudebereichen eine Rolle spielt. Die Personenvereinzelungsanlage besteht aus zwei Schleusen und einem Zwischenraum und kann so sicherstellen, dass immer nur eine Person den Eintrittsbereich durchquert und die damit verbundenen Prüfungen durchläuft. Allerdings sollte man auch nicht unter Platzangst leiden, wenn man eine solche Anlage durchqueren muss, da man sich eine Zeit lang in einem engen Raum zwischen zwei geschlossenen Türen befindet. Die am weitesten verbreitete Personenvereinzelungsanlage ist m. E. jedoch immer noch der Computer ...

Phraselator, *der*

Auch wenn man mit einem Land im Krieg steht oder es besetzt hält, muss man sich mit den Einheimischen verständigen. Dies wird dann besonders schwierig, wenn die Einheimischen eine sonst kaum bekannte und verwendete Sprache sprechen, wie etwa die Paschtu sprechende Bevölkerung Afghanistans. Es gibt nur wenige Dolmetscher, die zwischen dieser Sprache und etwa dem Deutschen oder Englischen vermitteln könnten. Abhilfe schaffen soll ein »Phraselator« genanntes Spracherkennungs- und Sprachausgabegerät. Es ist etwa so groß wie ein Funkgerät und hält 1 000 Standardsätze wie »Hände hoch!« und »Messer fallen lassen!« in Paschtu bereit. Wenn es dann doch mal geknallt hat, helfen Phrasen wie »Wo tut's denn weh?« und »Der Arzt kommt gleich«.

Pupillometrie, *die*

Mithilfe der Pupillometrie lassen sich kognitive Prozesse und Reaktionen der Benutzer visueller Medien objektiv untersuchen. Die entsprechende Technik macht sich dabei den Umstand zunutze, dass Pupillen nicht nur auf Licht, sondern auch auf emotionale und mentale Prozesse reagieren, und kann Pupillenreaktionen abzüglich der parallel ausgelösten Lichtreflexe berechnen. Die Behauptung, dass ein Film oder eine Werbung gähnend langweilig sei, kann nun wissenschaftlich untermauert werden. Für die Werbewirtschaft dürften, wenn sich die Pupillometrie als Messinstrument durchsetzt, wohl schwere Zeiten anbrechen.

Serviceroboter, *der*

Der auch *Care-O-bot* genannte mobile Serviceroboter kann Menschen im Haushalt unterstützen und sich mit ihnen verständigen. Seine Fähigkeit, sicher und verlässlich in menschenbevölkerten Umgebungen zu navigieren, hat er bereits beweisen können. Drei Wesen seiner Art wurden dauerhaft dem Museum für Kommunikation in Berlin zur Verfügung gestellt. Dort bewegen sie sich autonom unter den Besuchern und unterhalten sich mit ihnen. Ein smarter Roboter könnte eine Lösung sein aus dem Dilemma, dass unsere Gesellschaft immer älter und unbeweglicher wird und viele sich die Versorgung durch echte menschliche Wesen nicht mehr leisten können.

Smileometer, *das*

Psychologen verwendeten bei ihren Versuchen zur Witzwahrnehmung ein Smileometer, um die Reaktion der Probanden auf Witze zu messen. Die Deutschen schnitten bei diesen besonders gut ab, wissen also einen guten Witz eher zu würdigen als die meisten anderen Nationen.

Serviceroboter

Tonerstaub, *der*

Laserdrucker, die unentbehrlichen Helfer bei der Produktion der täglichen Flut von Briefen, Memos, Memoranden, Handbüchern etc., sind in Verruf geraten. Schuld daran ist der Tonerstaub, den sie in die Büroluft blasen, während sie leise sirrend ihrem Geschäft nachgehen. Tonerstaub stellt eine Gefahr für die menschlichen Atmungsorgane dar, und so manche Erkrankung von Büroarbeitern geht auf sein Konto. Neuerdings verschwinden die Staubschleudern deshalb in fensterlosen Kabuffs, in die nun der Bürobote, die Sekretärin oder demnächst vielleicht ein →Ecobot geschickt werden. Denn noch liefert der Drucker die fertigen Seiten nicht selbst aus.

Wurfwecker, *der*

Der Wurfwecker ist ideal für Morgenmuffel. Er nimmt es nicht übel, wenn er von seinem Besitzer im Halbschlaf an die Wand geworfen wird. Er ist so robust gebaut, dass diese Misshandlung ihm keinen Schaden zufügt. Ganz im Gegenteil, er verrichtet sein Werk weiter, bis auch die größte Schlafmütze wieder bei Sinnen ist. Nur das Suchen des Weckers könnte sich etwas schwieriger gestalten: Ist er unter das Bett gerollt, oder versteckt er sich zwischen den alten Socken?

Biotechnologie

Die Entschlüsselung der Genome der Fruchtfliege und des Menschen hat den Traum von der technischen Gestaltbarkeit des menschlichen Lebens neu beflügelt. Das Klonen von Menschen scheint in ebenso greifbare Nähe gerückt wie die Heilung bisher als unheilbar geltender Krankheiten oder die Entwicklung von Medikamenten, die für den einzelnen Patienten maßgeschneidert sind.
Auf der anderen Seite steht die Befürchtung, dass das Innerste des Menschen, seine genetische Disposition, für alle einsehbar wird, auch für diejenigen, die das eigentlich gar nichts angehen sollte. Der technische Fortschritt in der Biotechnologie stößt also an vielen Stellen auf ethische Grenzen und muss nicht nur wissenschaftlich, sondern auch politisch gestaltet werden. Man kann aber nur mitreden, wenn man die Sprache der Biotechnologie spricht. Darum stellen wir hier einige der wichtigsten Vokabeln vor.

Addierbakterium, *das*

Eine Herausforderung der biotechnologischen Forschung besteht darin, Rechner oder Datenspeicher aus biologischem Material, z. B. aus Bakterien, zu entwickeln. So haben Wissenschaftler ein Speicherbakterium zum Abspeichern von minimalen Informationseinheiten entwickelt. Bakterien sind u. a. wegen ihrer Langlebigkeit eine interessante Alternative zu den bisher verwendeten Datenträgern. Einer Gruppe von Studenten ist es gelungen, ein Addierbakterium zu entwickeln. Dieses Bakterium simuliert die Addition, eine elementare Operation im Rechenwerk jedes Computers. In Laborexperimenten haben die Studenten die molekularen Elemente ihres Bakteriums aus verschiedenen Organismen zusammengesucht und neu synthetisiert. Das Ergebnis ist ein biologisches Rechenelement, das in Bakterien eingesetzt werden kann und dort Signale addiert. Bei dem Gerechne in der Petrischale ergibt eins und eins Grün: Wirken sowohl ein Lichtsignal als auch ein chemisches Signal auf die Bakterien, so produzieren sie ein grün fluoreszierendes Protein. Gibt es aber nur eines der beiden Signale, produzieren die Mikroorganismen ein rot fluoreszierendes Protein.

Biobank, *die*

Als Biobank bezeichnet man eine geordnete Sammlung z. B. von Körperflüssigkeiten oder Gewebeproben, die mit den Verwaltungsdaten zum Probanden oder Spender dieser Stoffe verknüpft sind. Groß angelegte Biobanken sind eine Fundgrube für empirische biotechnologische Forschungen, etwa bei einer genombezogenen Analyse von Krankheiten, aber auch ein wichtiges Hilfsmittel für die Ermittlungen der Polizei. Tatortspuren können aufgrund von genetischen Abgleichen eindeutig zugeordnet werden. Groß ist aber auch das Gefahrenpotenzial, das von Biobanken ausgeht und das sowohl im gezielten Missbrauch der Daten als auch möglicherweise in ihrer kommerziellen Verwertung liegt.

Biomonitoring-Programm, *das*

Das Biomonitoring-Programm ist ein auf lange Zeit angelegtes Projekt zur Beobachtung und wissenschaftlichen Erforschung von Umwelteinflüssen auf Pflanzen und Tiere mit dem Ziel, schädliche Umweltfaktoren früh zu erkennen und diesen entgegenzusteuern.

Biomotor, *der*

In nicht allzu ferner Zeit werden Werkzeuge in Nanogröße durch unseren Körper bewegt, damit sie zum Beispiel defekte Zellen reparieren (→ Nanoroboter). Solche Miniaturwerkzeuge bewegen sich aber nicht selbstständig – sie benötigen Fahrzeuge, die sie dorthin transportieren, wo sie benötigt werden. Diese Gefährte sollten nicht viel größer sein als ihre Passagiere, und sie benötigen einen Motor als Antrieb. Es ist nun einigen Wissenschaftlern gelungen, das chemische Prinzip der Fortbewegung von Bakteriengeißeln nachzuahmen. Dadurch konnten sie einen Nanopropeller antreiben, der als Biomotor für den Transport der Nanowerkzeuge infrage kommt. Die Vorstellung, dass Nanowerkzeuge auf Bakteriengeißeln durch meinen Körper brausen, und sei es nur als mobiler Reparaturtrupp, bereitet mir dennoch Unbehagen. Werden sie ohne Navigationssystem das richtige Ziel finden?

Chimäre, *die*

→ Mischembryo.

Designerbaby, *das*

Bei einem Designerbaby handelt es sich um ein Wunschkind, das nach genetischen Gesichtspunkten ausgewählt und von der Mutter ausgetragen wird. Ein Designerbaby kann auch als Ersatzteillager für ein bereits lebendes, aber schwer krankes Geschwisterkind verwendet werden. Mit dieser Motivation jedenfalls wurde in Großbritannien kürzlich ein Designerbaby gezeugt und ausgetragen. Ist diese Motivation für die Zeugung eines Designerbabys noch nach-

Designerbaby

vollziehbar, so lauern allerlei Fallstricke einer positiven oder negativen genetischen Auswahl ungeborenen Lebens. Fragen nach der technologischen Beeinflussbarkeit menschlichen Lebens drängen sich auf und verlangen nach Richtlinien für den politischen Umgang mit der Biotechnologie. Sie alle können noch nicht als entschieden gelten.

Embryonenadoption, *die*

Bei der Embryonenadoption werden eingefrorene Embryonen, z. B. von einem Paar, welches ein Kind durch eine In-vitro-Fertilisation bekommen und keine Verwendung mehr für diese Embryonen hat, freigegeben. Die aufgetauten Embryonen werden nach einer hormonellen Vorbehandlung in die Gebärmutter der Empfängerin eingesetzt und von dieser ausgetragen.

Embryonenangebot, *das*

Noch verbietet das restriktive deutsche Embryonenschutzgesetz den Handel mit tiefgekühlten Embryonen. In anderen Staaten hin-

Embryonenangebot

gegen, etwa in den USA, ruhen Tausende nicht nachgefragter Embryonen auf dem Grund tiefgekühlter Gefäße – echte Ladenhüter. Der Handel mit Embryonen hat so seine Tücken, und allen Begehrlichkeiten von Ärzten, Genforschern oder professionellen Babymachern zum Trotz ist es vielleicht doch ganz sinnvoll, erst mal diese Tücken zu begreifen und Antworten zu finden, bevor das Embryonenschutzgesetz gelockert wird: Wer zum Beispiel erklärt einem »kleinen Eskimo« – so werden tiefgefrorene Embryonen auch genannt –, der ausgetragen wurde und nun in einer Familie heranwächst, seine wahre Herkunft (→ Embryonenadoption, Designerbaby)?

-gen, *das*

Gene sind Träger von Erbinformationen, die durch Reproduktion an die Nachkommen weitergegeben werden. Verantwortlich sind die aus Säure produzierten Proteine, die im Körper jedes Lebewesens eine spezifische Funktion übernehmen. Die Forschung der Biotechnologie zielt nun darauf ab, Korrelationen zwischen der chemischen Beschaffenheit von Genen und bestimmten Anlagen im Menschen zu ermitteln und damit gewissermaßen die Funktion einzelner Gene zu entschlüsseln. Es ist mittlerweile Konsens, dass unser Aussehen und unsere Handlungen mindestens teilweise biologisch determiniert sind und unser Erbgut der Formung durch Erfahrung und Erziehung Grenzen setzen. Die Suche nach spezifischen Genen treibt dabei teilweise seltsame Blüten. So ist es sicher noch einleuchtend, dass z.B. nach dem »Riechgen« oder »Angstgen« geforscht wird. Das Wissen um Nutzen und Gefahren der Manipulation solcher Gene ist für die Gesellschaft interessant. Ob man aber unbedingt nach einem »Machtgen«, »Geizgen« oder »Bierbauchgen« forschen muss, ist zumindest fraglich. Diese Suche scheint doch einer stark biologistischen Interpretation von Handlungsmustern zu entspringen. Zugegebenermaßen wäre eine gelungene Manipulation des Bierbauchgens, die uneingeschränkten Biergenuss ohne seine hässlichen Folgen erlauben würde, für mich aber durchaus eine reizvolle Vorstellung ...

Gencheck, *der*

Nicht alles, was die Biotechnologie möglich macht, wird man als mündiger Bürger und Arbeitnehmer begrüßen. Zu den eher fragwürdigen Optionen gehört ein Gencheck als Teil der arbeitsmedizinischen Diagnose. Für eine Firma kann es nämlich aus Kostengründen interessant sein, zu wissen, ob ihre Mitarbeiterinnen und Mitarbeiter vererbte Krankheitsrisiken in sich tragen. Wir befinden uns hier im Spannungsfeld zwischen Ökonomie und Moral und sollten als mündige Bürger auf Transparenz und klaren gesetzlichen Regelungen bestehen. Was ist aber andererseits von Arbeitgebern zu halten, die ihre Angestellten vornehmlich als Risiko betrachten?

Hungerschalter, *der*

Wissenschaftler sollen ein Hormon gefunden haben, das den Appetit reguliert. Die Entdeckung dieses Stoffs und seiner Wirkung könnte ein Durchbruch in der Behandlung von Fettleibigkeit und Magersucht sein. Die Verabreichung dieses Hormons könnte bei unterernährten Personen den Appetit anregen. Bei Übergewichtigen könnte der gezielte Entzug des Hormons das Gegenteil bewirken. Wie einfach es ist, den Schalter bei Bedarf umzulegen, ist allerdings nicht bekannt.

Klonkind, *das*

Es wurde immer wieder angekündigt, scheint aber noch nicht zu existieren: das Klonkind. Dass exakte Kopien eines Embryos erzeugt, ausgetragen und zu lebensfähigen Wesen heranreifen können, dies scheint für einige Biotechnologen in greifbare Nähe gerückt zu sein. Die Zunft ist zu Recht skeptisch gegenüber vollmundigen Ankündigungen, dass das, was beim Schaf schon funktioniert hat, auch beim Menschen möglich sei. Auch hier entsteht in jedem Fall ein Spannungsfeld zwischen dem Machbaren und dem aus ethischer Sicht Wünschenswerten. Ein geklonter Embryo könnte als Ersatzteillager für das Original herhalten (→ Designerbaby) – diese Vorstellung ist zunächst einmal akzeptabel für denjenigen, der dringend ein »Ersatzteil« benötigt. Die sich hier offenbarende Haltung gegenüber dem ungeborenen Leben ist jedoch eher beunruhigend.

Leuchtenzym, *das*

Erstaunlich, aber wahr: das Leuchten der Glühwürmchen könnte möglicherweise als Waffe gegen Krebs eingesetzt werden. Entartete Körperzellen zerstören sich selbst, wenn man sie mit einem Glühwürmchengen zum Leuchten bringt und dann einen bestimmten Farbstoff hinzufügt. Das Grundprinzip dieser Krebstherapie ist allerdings nicht neu. Ähnliche, schon länger angewandte Therapien traktieren Krebszellen zum Beispiel von außen mit Licht, wobei das Problem darin besteht, es zielgenau auf den Tumor zu richten. Mithilfe des Leuchtenzyms wird das Licht gewissermaßen in die Zelle eingeschleust und wirkt von innen. Ähnliche Versuche, schädliche Fremdstoffe in Krebszellen einzuführen, hatten bisher wenig Erfolg, die Nebeneffekte überwogen meist den Nutzen der Therapie. Die

Forschung beschreitet hier die unterschiedlichsten Wege, und zu Recht wird im Kampf gegen Krebs nichts unversucht gelassen.

Mischembryo, *der*

Die britische Regierung hat nun die Züchtung von Embryonen erlaubt, die sich auf der Grenze zwischen Mensch und Tier befinden. Diese Mischwesen werden *Chimären* genannt. Bisher kannte man solche Wesen eigentlich nur aus Mythen und Märchen, wo sie etwa als Mischung von Pferd und Mensch ihr Dasein fristen. So weit soll es aber auch in Großbritannien nicht kommen. Es sollen lediglich menschliche Stammzellen in entkernten tierischen Stammzellen ausgebrütet werden. Diese Stammzellen können dann nach positiver Sicht der Dinge entweder als Ersatzteillager fungieren oder der biotechnologischen Forschung dienen. Den Befürwortern geht es um die Erforschung und bessere Behandlung schwerer Krankheiten wie Diabetes und Parkinson. Die Ethik des Heilens rechtfertigt es in ihren Augen, aus Embryonen Stammzellen zu gewinnen, mit denen Krankheiten untersucht und vielleicht eines Tages geheilt werden können. Potenzielles Leben wird geopfert, um reales Leiden zu lindern. Der Preis dafür ist, dass in einem Frühstadium der embryonalen Reifung die Grenzen zwischen Mensch und Tier verwischt werden.

Universalzelle, *die*

Universalzellen sind Teile des menschlichen Körpers, die noch nicht auf eine Funktion spezialisiert sind und die deshalb überall und für jede denkbare Körperfunktion verwendbar sind. Sie erhalten ihre spezifische Funktion, z. B. als Teil einer Niere oder der Haut, im Embryonalstadium des menschlichen Körpers. Forschern scheint es nun gelungen zu sein, spezialisierte Hautzellen in Universalzellen zurückzuverwandeln. Diese könnten als menschliches Ersatzteillager dienen und bei Bedarf Zellen beschädigter Organe ersetzen.

Wirtschaft

In die Finanzwelt ist Bewegung gekommen. Kreditinstitute kreieren neue Finanzprodukte mit dem Ziel, maximalen Gewinn bei minimalem Risiko zu erzielen. Für die Kunden sollte es vor allem darum gehen, das stets verbleibende Restrisiko richtig einzuschätzen. Daher ist es hilfreich, die Grundbegriffe des Börsengeschäftes zu kennen.
Der andere sprachlich produktive Bereich ist die Arbeitswelt. Die Zeiten einer einzigen Arbeitsstelle auf Lebenszeit unter klaren tarifvertraglichen Regelungen scheinen vorbei zu sein.
Die Politik reagiert auf die Verwerfungen am Arbeitsmarkt mit immer neuen politischen Maßnahmen und Reformversuchen, die gelegentlich interessante bis abenteuerliche Namen erhalten.
Schließlich sei noch die Werbewirtschaft erwähnt, die stark von den Medien abhängig ist und sensibel auf Veränderungen der Medienlandschaft und des Medienkonsums reagieren muss. Es versteht sich, dass dieser Bereich der Kreativen auch sprachlich besonders kreativ ist, wenn es darum geht, neue Strategien zu benennen.

Absageagentur, *die*

Erhalten Sie auch immer nur Absagen auf Ihre Bewerbungen oder fühlen Sie sich wie eine Nebenfigur im → Praktikantenstadl? Die Absageagentur kann Abhilfe schaffen. Nehmen Sie Ihre Karriere wieder in Ihre eigenen Hände und schreiben Sie selbst eine Absage, wenn die angebotenen Arbeits- und Verdienstmöglichkeiten unter Ihrer persönlichen Schmerzgrenze liegen. Viele Arbeitgeber müssen lernen, ohne Ihre Arbeitskraft auszukommen. Die Absageagentur stellt Muster für niveauvolle Absagen bereit, die hoffentlich auch Arbeitgeber zum Nachdenken bringen.

Adhocratie, *die*

Adhocratie ist die Herrschaft der schnellen und spontanen Entscheidung. Sie wird in Unternehmen praktiziert, in denen flache Hierarchien und kurze Informationswege im Vordergrund stehen. Die Adhocratie ist ein Führungsstil, der vor allem von kleinen Start-up-Unternehmen in Abgrenzung zu großen Konzernen mit komplexen Entscheidungsstrukturen kultiviert wird.

Advertainment, *das*

Nach *Infotainment* und *Edutainment* beschert uns die moderne Zeit nun auch *Advertainment*, eine Zusammenziehung aus *Advertising* und *Entertainment*. Gemeint sind Werbemittel mit Unterhaltungswert, wie z. B. ein Werbequiz oder ein Computerspiel, das thematisch mit einem Produkt des Herstellers verbunden ist.

Advertorial, *das*

Das Advertorial ist eine als normaler Zeitungsartikel erscheinende Werbeanzeige. Sie ähnelt in Aufmachung und Stil dem redaktionellen Umfeld. Viele Advertorials verstoßen gegen das deutsche Presserecht, das eine klare Trennung von redaktionellem Inhalt und Werbung verlangt.

Aktivlohn-Modell, *das*

Menschen ohne jede Berufsausbildung haben große Schwierigkeiten, in den ersten Arbeitsmarkt aufgenommen zu werden. Deshalb wurde ein Aktivlohn-Modell kreiert, das aus einer Kombination von betrieblichen Lohnleistungen und staatlichen Transferleistungen besteht. Unternehmen werden auf diese Weise dafür belohnt, dass sie Erwerbslose ohne Ausbildung einstellen. Diese sind für die Unternehmen besonders günstig zu haben.

Ambush-Marketer, *der*

Das Recht, mit dem Namen oder Signet einer Großveranstaltung zu werben, muss vom Veranstalter für einen oft hohen Preis erworben werden. Firmen, die dieses Geld investieren, gelten als offizielle Partner des Events. Ambush-Marketer (*ambush* steht für »Hinterhalt«) ignorieren dies und verwenden den Namen der Veranstaltung, ohne dafür zu bezahlen. Einige kommen ungeschoren davon, andere nehmen die vergleichsweise niedrige Strafe bewusst in Kauf. Den Adressaten der Werbung interessiert es ja letztlich nicht, ob der Werbende ein offizieller Partner ist oder nicht.

Ballungsraumzulage, *die*

Das Leben in den Großstädten ist erheblich teurer als im Durchschnitt eines Landes. Dennoch verdienen Beamte überall in etwa das Gleiche. Dabei können sie als Staatsdiener überallhin dienstverpflichtet werden, auch in einen Ballungsraum mit entsprechend hohen Lebenshaltungskosten. Ein Polizeibeamter nahm eine solche Dienstverpflichtung zum Anlass, vor Gericht eine Ballungsraumzulage zu erstreiten. Das Bundesverfassungsgericht allerdings hat die Klage des Beamten gegen seinen Arbeitgeber abschlägig beschieden.

Beratungshaftung, *die*

Kreditinstitute sind verpflichtet, ihre Kunden bei Wertpapieranlagen anleger- und objektgerecht zu beraten. Was eigentlich wie eine

Selbstverständlichkeit klingt, das musste erst von einem Gericht erzwungen werden. Verletzt die Bank diese Beratungspflicht, so muss sie dem Kunden den daraus entstandenen Schaden ersetzen. Das heißt aber nur, dass Banken ihre Kunden über ein Anlagerisiko aufklären müssen. Entscheidet sich der Kunde dennoch für ein riskantes Finanzprodukt, dann haftet er selbst für die Folgen. Schließlich kassiert er ja auch den Gewinn.

Bierdeckelmodell, *das*

Als Bierdeckelmodell wird ein Steuermodell bezeichnet, das so einfach ist, dass die Steuererklärung auf einen Bierdeckel passen würde. Der Begriff wurde von Friedrich Merz geprägt als ein Versuch, das Thema der Vereinfachung von Steuererklärungen populär zu machen. Der Versuch selbst war erfolglos, im Gegensatz zu ihrer griffigen Bezeichnung, die sich monatelang in den Medien hielt.

Bierdeckelmodell

Big-Mac-Index, *der*

Mit dem Big-Mac-Index können die Preise und die Kaufkraft in sehr vielen Ländern verglichen werden. Man wählt den Big Mac als Vergleichsprodukt, weil es sich um ein zugleich weitverbreitetes und weitgehend standardisiertes Produkt handelt. Dadurch können die Big-Mac-Preise unterschiedlicher Länder miteinander verglichen werden. Zweitens ist der Big Mac international nicht handelbar, wird also nicht von einem Land in ein anderes verkauft. Das verhindert, dass sich die Preise durch supranationalen Handel angleichen. An der Produktion und dem Verkauf ist außerdem ein typischer Querschnitt von Wirtschaftsbereichen beteiligt, wie z. B. die Landwirtschaft und die Transportwirtschaft. Dadurch präsentiert der Big Mac als Konglomerat all dieser Kosten das Preisniveau einer Volkswirtschaft wie kaum ein anderes Produkt. In der Schweiz und der Eurozone ist der Big Mac besonders teuer, in China ist er besonders billig.

Bildungszeitkonto, *das*

Arbeitnehmern steht ein Bildungszeitkonto zur Verfügung. Darauf müssen sie nicht einzahlen, das hat schon der Arbeitgeber getan. Arbeitnehmer heben etwas von diesem Konto ab, wenn sie eine Fortbildung nicht in ihrer Freizeit, sondern in der Arbeitszeit besuchen. Irgendwann ist dieses Konto dann leer, und Kredit gibt es auch keinen. Die meisten Arbeitnehmer dürften aber über ein solides Guthaben verfügen.

Biohotel, *das*

Umweltbewusste Menschen, die nicht auf einen Urlaub außerhalb der eigenen vier Wände verzichten wollen, können sich seit einiger Zeit in einem Hotel mit einem kontrolliert biologischen Angebot erholen. Das Umweltbewusstsein dieser Biohotels beschränkt sich nicht nur auf den Einkauf von Lebensmitteln, sondern erreicht im

Idealfall auch die für den Gast unsichtbaren Bereiche des Abfall- und Energiemanagements.

Biopiraterie, *die*

Biopiraterie ist ein komplexer Straftatbestand, der meist mehrere Staaten betrifft, was seine Verfolgung erschwert. Der moderne Pirat eignet sich Rechte an Bioressourcen eines Staates an, z. B. an Natur- oder Kulturpflanzen, leitet daraus ein Produkt ab und lässt sich dieses in einem anderen Staat patentieren. Die Verwertungskette läuft meist von den ärmeren Staaten, aus denen die Bioressourcen stammen, zu den reicheren Staaten, wo sich die Märkte für die abgeleiteten Produkte befinden. Biopiraterie geht deshalb auf Kosten der ärmeren Staaten, denen die Gegenwehr meist schwerer fällt. Es gibt zwar eine internationale Konvention gegen die Biopiraterie, die so-

Biopiraterie

genannte Rio-Konvention, aber sie muss noch in internationales Recht sowie viele nationale Patentrechte umgesetzt werden, und das kann dauern.

Body-Leasing, *das*

Body-Leasing ist eine Alternative zur längerfristigen Arbeitnehmerüberlassung und vor allem in der IT-Branche verbreitet. Spezialisten, z. B. für eine bestimmte Software, werden für eine gewisse Zahl von Stunden oder Tagen entliehen. Dieses Vorgehen ermöglicht es, IT-Aufgaben kostengünstig zu lösen. Die Wartung und der Betrieb der Rechner und Software kann in einem Unternehmen bis zu 80 % der IT-Kosten ausmachen. Diese Kosten lassen sich durch Body-Leasing senken. Eigentlich sollte diese Form der Arbeitnehmerüberlassung besser *Brain-Leasing* heißen, aber der Körper ist nun mal immer dabei.

Brandchising, *das*

Brandchising ist die Übertragung oder das Ausleihen eines etablierten Markennamens an andere Hersteller oder Produkte. So könnte ein Hersteller eines besonders schnellen Speicherchips versuchen, dafür den Namen eines Sportwagenherstellers zu leihen. Ist das Zweitprodukt gut, so profitiert es nicht nur vom guten Ruf des Originalprodukts, sondern erhöht auch die Sichtbarkeit und stärkt den Ruf des Markennamens insgesamt. Eine echte Win-win-Situation.

Co-Shopping-Modell, *das*

Beim Co-Shopping schließen sich mehrere potenzielle Käufer eines Produktes zusammen. Ein Vertreter der Co-Shopper ordert eine größere Menge des Produkts und erhält vom Verkäufer Mengenrabatt, den er an die Mitkäufer weitergibt. Eine Plattform im Internet hatte diesen Service professionell angeboten, sehr zum Missfallen einiger Händler. Mittlerweile ist dieses Geschäftsmodell von einem

Gericht untersagt worden, da es gegen das deutsche Rabattgesetz und das Gesetz gegen unlauteren Wettbewerb verstoße. Es spricht aber nichts dagegen, Co-Shopping privat im Bekanntenkreis zu organisieren.

Dental-Discounter, *der*

Neuerdings machen Billigzahnärzte den alteingesessenen Zahnärzten Konkurrenz. Sie arbeiten mit Dentallaboren im Ausland zusammen und können so Zahnersatz-Behandlungen wesentlich günstiger anbieten. Ob die Qualität der Leistungen darunter leidet, ist nicht bekannt.

Duftmarketing, *das*

An der Wirkung audiovisueller Werbung kann man zweifeln. Die Kunden werden mit Sinnesreizen dieser Art überfüttert. Da stellt sich schnell Überdruss ein. Deshalb setzen Marketingstrategen vermehrt auf das Duftmarketing. Das kann bedeuten, dass es im Reisebüro nach Sand, Strand und Palmen riecht und der Gebrauchtwagenhändler eine Brise Neuwagenduft verströmen lässt. Gerüche appellieren viel unmittelbarer an unsere Instinkte als Bilder und Geräusche. Zumindest können sie uns eine wohlige Einkaufsatmosphäre vorgaukeln. Und eine Untersuchung soll herausgefunden haben, dass in dezent bedufteten Räumen tatsächlich mehr Umsatz gemacht wird.

E-Branding, *das*

Das E-Branding ist die Platzierung einer Marke in den neuen elektronischen Medien. Das Branding umfasst die geschickte Wahl einer Domainadresse und den Webauftritt auf dieser Domain quasi als Zentrum der Präsentation. Ebenso wichtig ist aber auch, die Marke an anderer Stelle sichtbar zu machen, etwa auf den Seiten von Onlinezeitungen oder auf Weblogs. Auch die Ansprache des potenziellen Kunden und das Gespräch mit ihm wird man dazu zählen.

Emissionshandelssystem, *das*

Seit 2005 können Betreiber größerer Industrieanlagen Berechtigungen für den Ausstoß von CO_2 erwerben und verkaufen. Dieses Emissionshandelssystem ermöglicht es Unternehmen, die ihre eigenen, im Rahmen des Kyoto-Protokolls festgelegten CO_2-Zielvorgaben überschreiten, von weniger stark verschmutzenden Produktionsstätten zusätzliche Emissionszertifikate zu erwerben. Warum es aber zulässig ist, mit solchen Zertifikaten Handel zu treiben, bleibt wohl eines der Geheimnisse der modernen Marktwirtschaft.

Entschuldungsuhr, *die*

Im nordrhein-westfälischen Langenfeld verrichtet eine Uhr ihren Dienst, die vollkommen anders tickt als die Uhren im Rest der Republik. Es handelt sich um eine Entschuldungsuhr. Sie läuft rückwärts und zeigt am Rathaus sowie im Internet Cent für Cent an, wie weit die Gemeinde, das Bundesland sowie ganz Deutschland noch von der Schuldenfreiheit entfernt sind. Bei der momentanen Entwicklung der Steuereinnahmen wird man die Uhr vielleicht bald anhalten können. Sie hat ihren Job getan. Dass sie beim nächsten Abschwung als Verschuldungsuhr Verwendung finden wird, darf bezweifelt werden.

Erlebnisdiscounter, *der*

Auch Abenteuer können billig an den Kunden gebracht werden. So hat ein Harddiscounter für kurze Zeit Hubschrauberrundflüge im Angebot gehabt. Wird es bald den Bungee-Sprung bei Aldi geben? Der Thrill wäre auf jeden Fall echt. Es gibt aber Abenteuer, die der Harddiscounter nie im Angebot haben wird: die erste Liebe etwa oder ein Bewerbungsgespräch.

Eyeblaster, *der*

Der Eyeblaster ist eine Werbeform, die nur im WWW zu finden ist. Eyeblaster sind Darstellungen, die auf einer Webseite erscheinen –

z. B. das dreidimensionale Bild einer Hand – und dann wieder im Hintergrund verschwinden. Durch die Bewegung und den Einblendeffekt wird die Aufmerksamkeit des Betrachters auf eine bestimmte Region der Seite gelenkt, natürlich auf die Region, wo sich die Werbung befindet.

Fake-Werbung, *die*

Fake-Werbespots sind eine vor allem in World Wide Web verbreitete Form des → Viralmarketings. Die nicht im Auftrag des darin beworbenen Markenunternehmens hergestellten Werbespots sind meist unterhaltsam, gelegentlich sind sie auch unternehmenskritisch. Auf jeden Fall machen sie das beworbene Produkt bekannt und kommen deshalb den scheinbar beworbenen Firmen nur dann ungelegen, wenn ein bestimmtes Geschmacksniveau unterschritten wird.

Friendraising, *das*

Mit dem Ausdruck *Friendraising* wird auf das Fundraising angespielt. Beide Wörter und das mit ihnen Bezeichnete hängen eng zusammen. Im Hinblick auf die Methoden finanziell klammer Universitäten, ihre ehemaligen Studierenden um Förderung anzugehen, wurde kritisiert, dass man diese erst mal als Freunde gewinnen und in das Universitätsleben einbinden muss. Dann öffnet sich auch die Geldbörse, und es fließen die »Funds«.

Greencardler, *der*

Als Reaktion auf den drohenden Fachkräftemangel vor allem in der informationstechnologischen Industrie wurde die Greencard eingeführt. Damit sollen hoch qualifizierte Arbeitskräfte aus dem Ausland mit besonders großzügigen Aufenthaltsregelungen nach Deutschland gelockt werden. Was man von dieser besonderen Form der Gastfreundschaft halten kann, das wird man spätestens in der ersten Krise sehen, wenn wir mehr Spezialisten haben, als Arbeit für sie vorhanden ist.

Friendraising

Guerillamarketing, *das*

Guerillamarketing bezeichnet die Wahl ungewöhnlicher Werbemethoden, die mit untypisch geringem Mitteleinsatz eine große Wirkung erzielen sollen. Bei einem sehr kleinen Etat wird das Medium oder der Absatzkanal gewählt, der jeweils günstig zu besetzen ist. Beispiele sind das Verfassen von Leserbriefen, das Abhalten von Diskussionsrunden und die Gründung politischer Initiativen mit dem

Ziel, die eigene Position oder das eigene Angebot darzustellen. Die Grenze zur Manipulation ist dabei fließend (→ Brandcasting). Guerillamarketing sucht dabei im Gegensatz zur klassischen Werbung das Gespräch mit dem potenziellen Kunden. Die Maßnahmen werden so gewählt, dass dieses Gespräch zustande kommen kann. Neuerdings sind Weblogs ein interessantes Medium für diese Form des Marketings.

Hospitality-Kontingent, *das*

Hospitality ist so etwas wie Gastfreundschaft, und die war in Deutschland schon immer etwas teurer. Vor allem im Umfeld großer und attraktiver Sportveranstaltungen ist es mittlerweile üblich, den Erwerb einer schnöden Eintrittskarte mit weiteren Annehmlichkeiten zu verbinden. Der Parkplatz in Nähe des Eingangs kann ebenso dazugehören wie die Flasche Schampus in der VIP-Loge: Hospitality kann viele Formen annehmen. Auf jeden Fall ist sie ein Gut, dessen Wert sich erhöht, wenn es knapp gehalten wird. Deshalb ist im Sport die Gastfreundschaft streng kontingentiert.

Ich-und-Du-AG, *die*

Durch das Kleinunternehmerförderungsgesetz ist das arbeitsmarktpolitische Instrument der Ich-AG zur Ich-und-Du-AG erweitert worden. Der Kreis der mithelfenden Familienmitglieder wurde um jegliche Art von Beschäftigten – Aushilfen, Teilzeit- und Vollzeitbeschäftigte – erweitert. Mit der Möglichkeit, Mitarbeiter zu beschäftigen, können Wachstumschancen von den Existenzgründern genutzt werden, ohne dass sie in Personalnot geraten.

Identity-Diebstahl, *der*

Beim Identity-Diebstahl werden digital hinterlegte, personengebundene Daten für Verbrechen missbraucht. Viele Privatpersonen sind bereits dem Identity-Diebstahl zum Opfer gefallen. Beliebt war eine Form der Kriminalität, bei der unter dem Namen fremder Personen

Waren auf Internetauktionen feilgeboten wurden. Der Käufer überwies das Geld, erhielt aber keine Ware. Diejenigen, die mit ihrem guten Namen für solche betrügerischen Machenschaften herhalten mussten, fallen meist aus allen Wolken, wenn sie vom erbosten Käufer von dieser Transaktion unter ihrem Namen erfahren. Seit die Auktionshäuser schwerer zu fälschende Identitätsbeweise verlangen, ist diese Art der Kriminalität zurückgegangen. Dennoch gebietet die Übermittlung persönlicher Daten generell äußerste Vorsicht.

Impulsware, *die*

Jeder kennt ihn: den Impulskauf, eine kleine Schwäche, der sicher die meisten von uns schon einmal nachgegeben haben. Der Spontankauf wird natürlich von interessierter Seite, also von den Produzenten und dem Handel, gezielt gefördert. Gelegenheit macht Spontankäufer. Anreize zum Spontankauf entstehen durch attraktive Präsentation des Angebots, durch Sonderangebote und auch durch die Platzierung von Waren an zentralen Punkten eines Geschäfts, etwa vor der Kasse und an der → Frischetheke. Die Langeweile beim Warten ist ein guter Nährboden für den Spontankauf. Natürlich eignet sich nicht jede Ware als Impulsware – eine Rolle Drops wird man eher spontan kaufen als eine Hühneraugensalbe.

Ingame-Werbung, *die*

Unter Ingame-Werbung versteht man eine Werbeform, welche Computerspiele als Werbefläche für Produkte und Marken nutzt. Meist werden die Spiele, in denen Ingame-Werbung platziert ist, von den werbenden Firmen selbst oder im Auftrag dieser Firmen entwickelt.

Internetapotheke, *die*

Das Geschäftsmodell der deutschen Apotheke baut auf Kunden aus der Nachbarschaft und auf Ärzte, die diesen Kunden Medikamente verschreiben. Viele Apotheken machen aber auch einen guten Teil ihres Umsatzes mit Waren, für die es keiner ärztlichen Verordnung bedarf. Das traditionelle, geradezu ständische Geschäftsmodell wird durch den Versand von pharmazeutischen Produkten über das Internet bedroht. Der Verband der Apotheker hält dagegen, indem er auf die Notwendigkeit und Attraktivität einer guten Beratung setzt. Man wird sehen, wer am Ende die Nase vorn haben wird: die Internetapotheke oder die Apotheke um die Ecke.

Jobhopper, *der*

Als Jobhopper wird ein Mitarbeiter bezeichnet, der seinen Arbeitsplatz überdurchschnittlich oft wechselt. Jobhopper werden von vielen Personalverantwortlichen nicht gern eingestellt, da die Gefahr groß ist, dass sie nach einer wenig produktiven Phase der Einarbeitung das Unternehmen schon bald wieder verlassen. Als freie Mitarbeiter oder Angestellte auf Zeit sind Jobhopper aber beliebt, da sie meist Erfahrungen aus vielen Bereichen mitbringen und nachgewiesen haben, dass sie flexibel auf die Anforderungen des Arbeitsmarkts reagieren können.

Kapselhotel, *das*

Ein Kapselhotel ist eine besonders in den überbevölkerten japanischen Großstädten verbreitete Unterkunft für Geschäftsleute. Die Übernachtungskosten sind in einem Kapselhotel bedeutend niedriger als bei einem richtigen Hotel – Platz und Komfort allerdings auch: Es wird keinerlei Verpflegung angeboten, und die »Zimmer« bestehen in der Regel aus kleinen Plastikkabinen, in denen sich eine Matratze und ein Fernseher befinden. Die Kapseln haben keine richtige Tür; lediglich ein Vorhang trennt sie von den Gemeinschaftsräumen. Toiletten, Waschbecken und Ähnliches sind ebenfalls Gemeinschaftseinrichtungen. Seit 2007 gibt es Kapselhotels auch in Europa, die ersten haben ihr Geschäft in London eröffnet.

Kuhleasing, *das*

Auf einer Schweizer Webseite kann man tatsächlich eine Kuh leasen. Die Idee entstand bereits in den Siebzigerjahren, als ein Schweizer Bauer begann, Kühe seines Hofs an Restaurants der Umgebung zu vermieten. Der Ertrag wurde ausgezahlt in Form von Käse, der aus der Kuhmilch gewonnen wurde. Mittlerweile sind Touristen die interessantere Zielgruppe dieses Geschäfts. Gerne zahlen viele Urlauber eine Leasingrate für eine Kuh und eine Saison, um dann den Käse aus der gewonnenen Milch persönlich abzuholen. Auf diese Weise wird auch die regionale Wirtschaft am Urlaubsort unterstützt.

Kuhleasing

Leapfrogging, *das*

Die Frösche sind uns überlegen. Dies gilt zumindest für die blitzschnelle Fortbewegungart, mit der sie Hindernisse springend überwinden, über die wir Menschen uns stolpernd und unbeholfen hinwegbewegen müssen. Der Froschsprung dient deshalb auch als Metapher für sprunghafte technische Entwicklungen von Gesellschaften. Agrarische Gesellschaften wagen direkt den Sprung in das Informationszeitalter und lassen die allmähliche Entwicklung aus, die die Industrienationen innerhalb eines ganzen Jahrhunderts durchliefen. Mobiltelefone als Mittel der Telekommunikation verbreiten sich, das Stadium der Festnetztelefonie wird übersprungen. Auch Konsumenten überspringen gelegentlich, sehr zum Ärger der Produzenten, einzelne Phasen technischer Neuerungen, indem sie beispielsweise eine Version eines Betriebssystems auslassen und sich so lange mit der alten begnügen, bis die übernächste Version auf dem Markt ist. Softwareentwickler versuchen, das Leapfrogging dadurch zu erschweren, dass zwei weiter auseinanderliegende Versionen der Software ohne den Zwischenschritt nicht kompatibel sind. Hier werden virtuelle Krötenzäune errichtet, und da hilft wohl kein noch so lautes Quaken.

Mikrokreditprogramm, *das*

Islamic Relief und andere Hilfsorganisationen in der sogenannten Dritten Welt haben erkannt, dass Selbstständigkeit ein wichtiger Schlüssel zum wirtschaftlichen Erfolg ist. Aus diesem Grunde hat Islamic Relief ein Mikrokreditprogramm in Bosnien und Herzegowina aufgelegt. Mikrokreditprogramme unterstützen Einzelpersonen, die wegen mangelnder Sicherheiten bei Banken keine Chance auf einen Kredit hätten, mit dem sie ein kleines Unternehmen gründen könnten. Häufig schaffen es diese Einzelpersonen später, weitere Mitarbeiter einzustellen und zur Mehrung des Volksvermögens beizutragen. Auf jeden Fall wird der Teufelskreis staatlicher Alimentation ohne Eigeninitiative durchbrochen.

Neuromarketing, *das*

Beim Neuromarketing werden psychologische und neurophysiologische Erkenntnisse für das Marketing nutzbar gemacht werden. Beim Neuromarketing als Forschung werden neurowissenschaftliche Technologien eingesetzt, um die Wirkung verschiedener Marketingstrategien zu testen. Ziel ist es, die verborgenen mentalen Prozesse, welche die Entscheidung eines potenziellen Konsumenten für oder gegen ein Produkt steuern, zu erforschen und sie in Beziehung zum sichtbaren Verhalten zu setzen. Ein Ziel des Neuromarketings ist das bessere Verständnis der Gefühls- und Denkprozesse im menschlichen Gehirn. Dahinter steht die Hoffnung, diese Prozesse im Sinne eines beworbenen Produkts beeinflussen zu können. Böse Zungen behaupten: zu manipulieren.

Ohne-Schnickschnack-Fluglinie, *die*

Viele Billigfluglinien verzichten auf solchen Schnickschnack wie freundlichen Service, Brötchen und Zeitungen. Letztendlich will man ja in erster Linie heil und sicher und vor allem billig an sein Ziel gelangen. Dieser vorherrschende Wunsch macht den Erfolg der Ohne-Schnickschnack-Fluglinien aus.

One-Stop-Shopping, *das*

Das Konzept des One-Stop-Shoppings basiert auf einer Zusammenballung mehrerer Einzelhandels- oder Dienstleistungsbetriebe aus sich ergänzenden Branchen. Den Kunden ist es hierdurch möglich, an einem Ort Geschäfte verschiedener Art zu erledigen. Das Geschäftsmodell basiert auf der Kooperation von Lebensmitteldiscountern als Kundenmagneten, spezialisierten Einzelhandelsgeschäften und kleinen Dienstleistern wie Schlüsseldiensten und Schuhmachern.

Onlineapotheke, *die*

→ Internetapotheke.

Outplacementberatung, *die*

Wenn ein höherer Angestellter entlassen wird, dann heißt dies heute *Outplacement*. Kräfte, die weniger hoch in der Hierarchie stehen, werden lediglich freigesetzt. Den entlassenen höheren Angestellten steht die Outplacementberatung zur Seite, die bei der Arbeitssuche berät oder auch Kontakte zu anderen potenziellen Arbeitgebern herstellt.

Powerpointlessness, *die*

Die Powerpointlessness ist eine Erscheinung, die man immer häufiger bei Vorträgen beobachten kann. Wenn man nichts Substanzielles zu sagen hat, aber etwas sagen muss, dann gestaltet man das Ganze als bunte Folienpräsentation. Powerpoint und ähnliche Programme bringen heute jeden noch so dürftigen Gedanken in eine ansprechende Form.

Praktikantenstadl, *der*

Der Komödiantenstadl, produziert vom Bayrischen Rundfunk, bringt Verwirrung und Chaos auf die Bühne, zur allgemeinen Belustigung des Publikums. Längst ist er zur Metapher geworden für Chaos und unfreiwillige Komik im echten Leben. Ähnlich geht es wohl im Praktikantenstadl zu. Immer mehr Hochschulabgänger fühlen sich wie in einer Komödie, wenn sich Praktikum an Praktikum reiht und Berufswunsch und -wirklichkeit weit auseinanderklaffen. Ob der Praktikantenstadl auch etwas zur allgemeinen Belustigung des Publikums beiträgt, darf bezweifelt werden. Auf jeden Fall hat er mit einer guten Komödie gemein, dass es in den meisten Fällen doch noch gut ausgeht, d.h. mit einer Festanstellung.

Pump-and-dump, *das*

Das Pump-and-dump ist ein Versuch, mit der Dummheit und Geldgier gutgläubiger Menschen Geld zu machen. Dabei werden sogenannte Investitionstipps massenhaft an Internetbenutzer versendet. Das Prinzip von Pump-and-dump ist Folgendes: Clevere Geschäftemacher kaufen Aktien zu einem günstigen Preis und treiben den Preis dann künstlich in die Höhe, indem sie private Investoren dazu animieren, möglichst viele weitere Aktien zu erwerben. Wenn der Kurs anzieht, verkaufen die Geschäftemacher ihre Aktien mit Gewinn, die Nachzügler sitzen auf ihren praktisch wertlosen Wertpapieren. Das Geschäft funktioniert aber nur, wenn genug naive Anleger auf die Tipps hereinfallen, und das ist immer weniger der Fall. Man kann diesem Geschäftszweig also keine große Zukunft prophezeien.

Regiogeldgutschein, *der*

Regiogeld ergänzt den Euro um ein regionales Zahlungsmittel, meist in Form von Gutscheinen. Regiogeld ist ein Ausdruck des Unbehagens an einer supranationalen Wirtschaft. Deshalb ist das Regiogeld auch eng mit dem Angebot von regionalen Waren und Dienstleistungen verbunden. Am Ende jedoch regiert der Euro, und auch eine Regiowährung muss durch eine echte Währung gedeckt sein.

Retromarketing, *das*

Das Retromarketing setzt gezielt auf die Wiederentdeckung von alten Werten und Verhaltensweisen. Die Medien setzen hierbei Akzente, indem sie etwa die Siebziger- oder Achtzigerjahre ein ums andere Mal Revue passieren lassen. Dies hat Einfluss sowohl auf die Gestaltung von Waren, die den Stil und die Moden vergangener Zeiten wiederaufnehmen, als auch auf die Präsentation dieser Waren.

Skytyping, *das*

Aus meiner Kindheit erinnere ich mich noch an die Flugzeuge, die Werbebanner hinter sich herzogen oder lustige Dinge mit dem Kondensstreifen anstellten, den sie hinter sich herzogen. Nicht nur mein Blick richtete sich damals nach oben. Dann war sie auf einmal verschwunden, die himmlische Werbung. Mit den Skytyping drängt sich die Hightechvariante dieser Werbeform in die Aufmerksamkeit von uns Himmelsguckern. Mit Skytyping lassen sich 30 Zeichen pro Minute an den Himmel schreiben, und das etwa eine halbe Stunde lang. Vier ferngesteuerte Flugkörper mit eigenem Antrieb und Rauchbrennern fliegen in Formation unter dem Trägerschiff und werden von dort aus mit Energie und Rauchflüssigkeit versorgt. Per Computer werden die Rauchbrenner in genau berechneten Intervallen gezündet und lassen so einen Text in Form einer Punktmatrix entstehen. Die Kapazität des Skytypings reicht leider nicht, um Ihnen den Text dieses Buchs in den Himmel zu zeichnen, aber Werbebotschaften sind ja meist kurz und schlicht.

Smartshopper, *der*

Einkaufen ist nicht gleich einkaufen. Der Luxusshopper kauft nur das Feinste, aufs Geld kommt es ihm nicht an. Der Smartshopper hingegen ist ein Konsument, der nach Preisvorteilen sucht, sich aber letztendlich für hochwertige Marken entscheidet. Dadurch unterscheidet er sich vom Schnäppchenjäger. Letzterer bedient sich eher im unteren Preissegment. Für den Einzelhandel sind Luxusshopper und Smartshopper gern gesehene Kunden.

Sozialfahnder, *der*

Sozialleistungen des Staates sind an eine Vielzahl von Bedingungen geknüpft. So erhalten etwa Erwerbslose nur dann Arbeitslosengeld, wenn sie dem Arbeitsmarkt jederzeit zur Verfügung stehen. Erhält man Sozialhilfe oder Unterstützung nach den Hartzgesetzen (Arbeitslosengeld II), dann müssen bestimmte Leistungen extra beantragt werden. Sozialfahnder, Sachbearbeiter der Sozialämter im Außendienst, überprüfen im Zweifelsfall vor Ort, ob ein Leistungsempfänger die Unterstützung berechtigterweise erhält. Deshalb machen sie Hausbesuche. Wer einen Sozialfahnder mehrmals abweist, muss mit Kürzungen der Unterstützungszahlungen rechnen.

Sparadies, *das*

Sparkassen präsentieren sich gerne als Sparadiese. Die Frage ist, ob sich dort das Geld oder die Kunden paradiesisch fühlen sollen. Sicher ist nur, dass selbst die schönste Filiale dem Kunden nicht den seligen Zustand vor dem Sündenfall bieten kann. Angesichts der weiterhin grassierenden Geiz- und Billigkaufmentalität der Deutschen könnte man sich aber überall in Deutschland wie in einem Sparadies fühlen.

Suchmaschinenmarketing, *das*

Als Suchmaschinenmarketing werden alle Maßnahmen zur Gewinnung von Besuchern für eine Webpräsenz über Websuchmaschinen bezeichnet. Oberstes Ziel des Suchmaschinenmarketings ist es, für diejenigen Websurfer sichtbar zu werden, die als Einstieg in ihre Informationssuche eine Suchmaschine verwenden. Dafür sollte die eigene Webpräsenz möglichst auf der ersten Ergebnisseite der Suchmaschine platziert sein, als Suchtreffer oder auch als Werbung.

Versandverweigerer-Atlas, *der*

Das Versandgeschäft bedeutet für die Betreiber immer das Risiko, dass die Ware zwar rausgeht, aber kein Geld reinkommt. Das Mahnen der säumigen Kunden und das Eintreiben des Geldes ist kein leichtes Geschäft. Man weiß, dass sich in einigen Stadtteilen die Zahlungsverweigerer ballen, während in anderen Gegenden fast alles reibungslos läuft. Ein namhaftes Versandhaus arbeitet inzwischen mit einem sogenannten Versandverweigerer-Atlas. In bestimmte Gegenden mit schlechter Zahlungsmoral werden erst gar keine Waren mehr geliefert: Dies sind die neuen No-send-Areas.

Viralmarketing, *das*

Viralmarketing ist eine preisgünstige Methode, über das Internet Werbebotschaften zu verteilen. Es lebt davon, dass heute relativ billig und unaufwendig Webvideos in Form von Werbespots produziert und verbreitet werden können. Mit dem Viralmarketing verbindet sich die Hoffnung der Werbetreibenden, dass sich die Botschaft und die Bekanntheit des beworbenen Produkts wie ein Virus in der Community verbreitet.

Visitenkartenbingo, *das*

Für alle, die zu einer Messe müssen und sich dort den ganzen Tag langweilen, gibt es jetzt einen neuen Zeitvertreib mit dem Namen *Visitenkartenbingo*. Man gibt bei Messeständen nicht seine eigene Visitenkarte her, sondern eine, die man vorher von jemand anderem erbeutet hat. So kämpft man sich dann die Karriereleiter nach oben durch und ergattert immer wichtigere Visitenkarten. Je wichtiger man ist, desto wichtiger werden schließlich auch die Gesprächspartner. Tagessieger wird, wer am Ende des Messetages die prominenteste oder ranghöchste Visitenkarte ergattert hat.

Visitenkartenbingo

Waldaktie, *die*

Mecklenburg-Vorpommern ist das erste Bundesland, das mit Waldaktien handelt. Seit Ende November 2007 können umweltbewusste Touristen die Naturzerstörung, die sie durch ihre Reisen notwendigerweise mitverursachen, durch den Erwerb von Waldaktien symbolisch ausgleichen. Mit den Erträgen der Waldaktien entsteht zunächst in der Nähe von Neustrelitz ein Klimawald als eine Maßnahme gegen den Klimawandel. Weitere Klimawälder sind auf Usedom und Rügen geplant. Der Klimawald wird das Weltklima, wenn überhaupt, dann nur in geringer Weise beeinflussen können. Die Maßnahme, Waldaktien zu vertreiben, kann aber vielleicht einiges im Bewusstsein der Besucher Mecklenburgs verändern. Nachahmung erwünscht!

Wetterderivat, *das*

Als Wetterderivat bezeichnet man ein Finanzinstrument, bei dem meteorologische Daten wie Basiswerte verwendet werden. Wetterderivate werden in der Regel zwischen einer Bank und einem Unternehmen abgeschlossen, wobei das Unternehmen ein Wetterrisiko auf die Bank transferiert. Wetterderivate sind damit auch ein Instrument des Risikomanagements. Sie sind ein relativ neues und noch nicht weitverbreitetes Finanzinstrument.

Wheelvertising, *das*

Werbung ist allgegenwärtig, und die Zahl noch nicht vermieteter Werbeflächen sinkt, vor allem in den Großstädten, wo Platz rar ist. Deshalb haben sich in einigen Städten ganz besonders kluge Köpfe das Wheelvertising ausgedacht: die Werbung auf der Autofelge. Taxis sind dabei am interessantesten, weil sie nach den Fahrzeugen des öffentlichen Personennahverkehrs am meisten Aufmerksamkeit erregen. Allerdings rotiert diese Werbefläche, wenn das Auto nicht an einer roten Ampel oder im Stau steht. Vielleicht lässt sich die Botschaft ja auch auf eine holzschnittartige Form und eine einprägsame Farbe reduzieren.

Zahlungsmoralbarometer, *das*

Wenn man eine Leistung erbringt, dann erwartet man dafür eine angemessene Bezahlung, und das möglichst bald. Säumige Kunden haben schon manches mittelständische Unternehmen ins Schlingern gebracht. Eine große deutsche Wirtschaftszeitung hat nun zusammen mit einem Kreditversicherer die Zahlungsmoral von Unternehmen in sechs europäischen Ländern untersucht und verglichen. Dabei schnitten die deutschen Unternehmen bestenfalls mittelmäßig ab. Was lernt man als Unternehmer daraus? Man kann ja nicht einfach die Geschäfte mit italienischen Firmen, deren Zahlungsmoral nach dieser Untersuchung am schlechtesten beurteilt wird, einfach einstellen. Man kann sich aber vielleicht besser absichern.

Register